N1合格！
日本語能力試験問題集
The Workbook for the Japanese Language Proficiency Test

N3 聴解
スピードマスター

音声DL版

Quick Mastery of N3 Listening
N3 听力 迅速的学得
N3 청해 스피드 마스터

棚橋明美・杉山ますよ・野原ゆかり 共著

模擬試験(2回)付き

英・中・韓の部分訳付き

Jリサーチ出版

はじめに

　日本語能力試験は2010年第1回試験より、「コミュニケーション能力」を重視した試験に生まれ変わりました。文法や文字・語彙についてたくさん知っているだけでなく、実際のさまざまな場面でそれらを総合的に使えることが大切だという考えに基づいています。

　本書は、N1からN5のレベルのうち、N3の「聞くこと」をテーマに作成しました。N3の「聞くこと」では、「日常の場面」で、ある程度自然に近いスピードで話の内容を概ね理解することができることが目安とされます。「日常の場面」で日本語を運用して自分なりにコミュニケーションができること、というN3の目標に沿ったものです。

　そのため本書は、試験に合格するだけでなく、日本語を学ぶ皆さんが、生活や学校、仕事など、さまざまな場面で日本語が理解できるようになることをめざしています。本書の練習問題の中には、試験同様、皆さんのわからない言葉も出てきます。これまでの試験対策のように、レベルに合わせて言葉を覚えるのではなく、場面に合わせて覚えていくことが、「使える日本語」への近道となるでしょう。本書が皆さんの目標達成のお役に立てれば幸いです。

著者一同

Preface

　The Japanese Language Proficiency Test (JLPT) has been revamped as an exam that focuses on "communicative ability" starting with the first test that was given in 2010. This change is based on the view that true proficiency is not just a matter of having an extensive knowledge of grammar, words and vocabulary. What is important, rather, is to have a comprehensive grasp of the language in a variety of actual situations and contexts.

　Out of levels N1 through N5, this book was created to focus on the listening skills required for the N3 test. The standard for listening comprehension expected at this level is to be able to understand most of what is being said in everyday situations, at a speed close to that of natural conversation. It was designed according to the objectives of the N3 test, allowing users to apply their Japanese skills in everyday contexts and communicate effectively in their own way.

　As such, this book seeks not only to help users pass the JLPT N3 examination, but also to enable learners of Japanese to understand the spoken language in their daily lives and in a variety of situations, whether at school or the workplace. The practice exercises, just like the actual exam, will contain words and expressions that users may not understand. Similar to the exam revision exercises that you have done in the past, the shortcut to mastering practical, applicable Japanese is not just to memorize words and phrases according to the level that they are classified under, but rather to learn the language that is specific and relevant to a given situation. We hope this book helps you to achieve your Japanese learning objectives.

The authors

前言

　　日语能力考试自2010年第1回考试起，变成了重视"交流能力"的考试。这主要是考虑到，不要仅是记住道大量的语法、文字和词汇，能在实际的各种场合综合运用这些知识才是重要的。

　　本书以N1到N5之中的N3"听力"为主题编制而成。N3的"听力"中，考察目标设定为能在"日常场面"中大致理解语速接近自然程度的谈话内容。本书遵循着N3的目标，即在"日常场合"运用日语，能够自己最大限度地和人沟通。

　　为此，本书的目标不仅仅是为了通过考试，希望学习日语的各位能在生活、学校、工作等各种场合理解日语。和考试同样，在本书的练习题中也会出现大家不懂的词汇。不要像以往的考试对策那样只是记忆各级范围内的词汇，适应具体场合记忆才是掌握"会用的日语"的捷径。如果此书能帮助大家达成目标，将不胜荣幸。

著者一同

머리글

　　일본어 능력 시험은 2010년 제1회 시험부터 "커뮤니케이션능력"을 중시한 시험으로 다시 태어났습니다. 문법과 문자·어휘를 많이 알고 있는 것만이 아니라 실제로 여러 장면에서 그것을 총합적으로 사용할 수 있는 것이 중요하다는 생각에서입니다.

　　본서는 N1에서 N5 수준 중, N3의 "듣는 것"을 주제로 만들었습니다. N3의 "듣는 것"에는 "일상적 장면"으로 어느 정도 자연스러운 속도의 이야기 내용을 대강 이해할 수 있는 기준이 됩니다. "일상적 장면"에서 일본어를 운용해 자기 나름대로 커뮤니케이션을 할 수 있는 N3의 목표에 따른 것입니다.

　　그 때문에 본서는 시험에 합격하는 것만이 아니라 일본어를 배우는 여러분이 생활이나 학교, 일 등, 여러 장면에서 일본어를 이해할 수 있게 되는 것을 목표로 합니다. 본서의 연습문제 중에서는 시험과 마찬가지로 여러분이 모르는 말도 나옵니다. 종래의 시험 대책처럼 레벨에 맞는 말을 외우는 것이 아니라 장면에 맞추어 외우는 것이 "사용할 수 있는 일본어"에의 지름길이 될 것입니다. 본서가 여러분의 목표 달성에 도움이 된다면 다행입니다.

저자일동

もくじ
Contents／目录／목차

はじめに‥‥‥‥‥‥‥‥‥‥‥‥‥‥‥‥‥‥‥‥‥‥‥‥‥‥‥‥‥‥‥ 2
Preface／前言／머리말

もくじ‥‥‥‥‥‥‥‥‥‥‥‥‥‥‥‥‥‥‥‥‥‥‥‥‥‥‥‥‥‥‥‥ 4
Contents／目录／목차

日本語能力試験と聴解問題‥‥‥‥‥‥‥‥‥‥‥‥‥‥‥‥‥‥‥‥‥ 6
Japanese Language Proficiency Test and listening comprehension exercises／
日语能力考试和听解问题／일본어 능력 시험과 청해 문제

この本の使い方‥‥‥‥‥‥‥‥‥‥‥‥‥‥‥‥‥‥‥‥‥‥‥‥‥‥‥ 8
How to use this book／此书的使用方法／이 책의 사용법

ウォーミングアップ──会話を聞きとるためのポイント‥‥‥‥‥‥ 10
Warming up—tips on how to understand the conversations／
准备活动──听懂会话的关键点／워밍업—회화를 알아 듣기 위한 포인트

1 話し言葉の音の変化‥‥‥‥‥‥‥‥‥‥‥‥‥‥‥‥‥‥‥‥‥‥ 10
Sound changes in spoken language／口语中的音变／구어의 음 변화

2 会話表現の文末イントネーション‥‥‥‥‥‥‥‥‥‥‥‥‥‥‥ 12
Conversational intonation at the ends of sentences／会话中的句尾声调／회화표현의 문말 억양

3 決まり文句‥‥‥‥‥‥‥‥‥‥‥‥‥‥‥‥‥‥‥‥‥‥‥‥‥‥ 14
Set phrases/cliches／套话／정해진 문구

PART 1 実戦練習‥‥‥‥‥‥‥‥‥‥‥‥‥‥‥‥‥‥‥‥‥‥‥‥ 15
Practice exercises／实战练习／실전연습

問題1（課題理解）‥‥‥‥‥‥‥‥‥‥‥‥‥‥‥‥‥‥‥‥‥‥‥‥ 16
Understanding the topic／理解题目／과제이해

問題2（ポイント理解）‥‥‥‥‥‥‥‥‥‥‥‥‥‥‥‥‥‥‥‥‥ 24
Understanding the main points／理解关键点／포인트이해

問題3（概要理解）‥‥‥‥‥‥‥‥‥‥‥‥‥‥‥‥‥‥‥‥‥‥‥ 33
Understanding the gist of the passage／理解概要／개요이해

問題4（発話表現）·················· 34
Spoken expressions／说话方式／발화표현

問題5（即時応答）·················· 43
Responding in real time／速答／즉시 응답

PART 2 模擬試験·················· 45
Mock examinations／模拟考试／모의고사

第1回　模擬試験·················· 46
第2回　模擬試験·················· 56

解答用紙·················· 66
Answer sheet／答案纸／해답용지

別冊──スクリプトと答え
Appendix—Script and answers／答案和听力内容／별책—스크립트와 해답

日本語能力試験と聴解問題

- **目的**：日本語を母語としない人を対象に、日本語能力を測定し、認定すること。
  ※課題遂行のための言語コミュニケーション能力を測ることを重視。
- **試験日**：年2回（7月、12月の初旬の日曜日）
- **レベル**：N5（最もやさしい） → N1（最もむずかしい）

  N1：幅広い場面で使われる日本語を理解することができる。
  N2：日常的な場面で使われる日本語の理解に加え、より幅広い場面で使われる日本語を
  ある程度理解することができる。
  N3：日常的な場面で使われる日本語をある程度理解することができる。
  N4：基本的な日本語を理解することができる。
  N5：基本的な日本語をある程度理解することができる。

レベル	試験科目	時間	得点区分	得点の範囲
N1	言語知識（文字・語彙・文法）・読解	110分	言語知識（文字・語彙・文法）	0～60点
			読解	0～60点
	聴解	55分	聴解	0～60点
N2	言語知識（文字・語彙・文法）・読解	105分	言語知識（文字・語彙・文法）	0～60点
			読解	0～60点
	聴解	50分	聴解	0～60点
N3	言語知識（文字・語彙）	30分	言語知識（文字・語彙・文法）	0～60点
	言語知識（文法）・読解	70分	読解	0～60点
	聴解	40分	聴解	0～60点
N4	言語知識（文字・語彙）	25分	言語知識（文字・語彙・文法）・読解	0～120点
	言語知識（文法）・読解	55分		
	聴解	35分	聴解	0～60点
N5	言語知識（文字・語彙）	20分	言語知識（文字・語彙・文法）・読解	0～120点
	言語知識（文法）・読解	40分		
	聴解	30分	聴解	0～60点

※N1・N2の科目は2科目、N3・N4・N5は3科目

- **認定の目安**：「読む」「聞く」という言語行動でN5からN1まで表している。
- **合格・不合格**：「総合得点」と各得点区分の「基準点（少なくとも、これ以上が必要という得点）」
  で判定する。

☞くわしくは、日本語能力試験のホームページ〈https://www.jlpt.jp/〉を参照してください。

N3のレベル　※以前の2級と3級の間のレベル〈新しいレベル〉

	N3のレベル
読む	○ 日常的な話題について書かれた具体的な内容を表す文章を、読んで理解することができる。 ○ 新聞の見出しなどから、情報の内容を理解することができる。 ○ 日常的な場面で見る少し難しい文章は、易しく言いかえた表現を読めば、ポイントを理解することができる。
聞く	○ 日常的な場面の、やや自然に近いスピードのまとまりのある会話を聞いて、具体的な内容を人物関係などとあわせて、だいたい理解できる。

聴解の問題構成

	大問		小問数	ねらい
聴解	1	課題理解 ◇	6	まとまりのあるテキストを聞いて、内容が理解できるかどうかを問う（具体的な課題解決に必要な情報を聞き取り、つぎに何をすればいいのかを理解できるか）
	2	ポイント理解 ◇	6	まとまりのあるテキストを聞いて、内容が理解できるかどうかを問う（聞くべきことを、ポイントを理解して聞くことができるか）
	3	概要理解 ◇	3	まとまりのあるテキストを聞いて、内容が理解できるかどうかを問う（テキスト全体から、話す人物の考えなどが理解できるか）
	4	発話表現 ◆	4	イラストを見ながら、状況説明を聞いて、適切な言葉が選べるかを問う
	5	即時応答 ◆	9	質問などの短い発話を聞いて、適切な返事が選べるかを問う

◆以前の試験では出されていなかった、新しい問題形式のもの。
◇以前の試験の問題形式を使っているが、部分的に形式を変えているもの。

※小問の数は変わる場合もあります。

この本の使い方

この本は以下の4つのパートに分かれています。
This book is divided into the following 4 parts.／本书分为以下4部分。／이 책은 이하의 4개의 부분으로 나누어져 있습니다.

1 ウォーミングアップ──会話を聞き取るためのポイント
Warming up—tips on how to understand the conversations／准备活动──听懂会话的关键点／워밍업--회화를 알아 듣기 위한 포인트

話し言葉には特有の表現があり、発音しやすいように音の変化もよく起こります。その代表的な例を紹介し、必要なものを付属音声に入れました。聞くだけでなく、音声と一緒に自分で言ってみることで、さらに練習の効果が上がります。

Spoken Japanese contains many unique expressions, including frequent sound changes that make pronunciation easier. The most common examples will be introduced, and all the necessary expressions can be found on the included audio files. By saying these to yourself together with the audio instead of just listening to it, your practice will become more effective.

口语有其独特的表达方式，为了易于发音，经常发生音变。这里介绍一些有代表性的例子，并录制在附带的音频中。不仅可以听，还可以试着跟着音频练习说。以此可以达到更好的练习效果。

구어에는 특유의 표현이 있어 발음하기 쉽도록 음의 변화도 자주 일어납니다. 그 대표적인 예를 소개하고 필요한 것을 부속음성에 담았습니다. 듣는 것만이 아니라, 음성에 따라 스스로 말해 보는 것으로 더욱 효과가 높아집니다.

2 PART 1 実戦練習
Practice exercises／实战练习／실전연습

問題を実際にやってみることで、傾向や特徴をつかむことができます。

By trying your hand at actual exercises, you will be able to grasp trends and understand the distinct features of the test questions.

通过实际做题，能够把握规律和特征。

문제를 실제로 풀어 보는 것으로 경향과 특징을 파악할 수 있습니다.

●問題1(課題理解)・問題2(ポイント理解)
(Understanding the topic)・(Understanding the main points)／(理解题目)・(理解关键点)／(과제이해)・(포인트이해)

質問が読まれてから会話を聞きます。質問は、問題1では「この人はこのあと何をするか」を問うものが多く、問題2では5W1H(誰、どこ、何、いつ、なぜ、どうやって)が中心です。

You will hear the conversation after the questions have been read. Question 1 will often ask things like "What will this person do after this?", while Question 2 will consist mainly of who, what, where, when, why or how questions.

问题被读出后听会话。在问题1中，多是提问"这个人在这之后要做什么？"问题2的重点是5W1H(谁、哪里、什么、何时、为什么、怎么做)。

질문을 읽고 나서 회화를 듣습니다. 질문은 문제1에서는 "이 사람은 이다음에 무엇을 할까"를 묻는 것이 많고, 문제2에서는 5W1H 누가, 어디에서, 무엇을, 언제, 왜 했는가 가 중심입니다.

●問題3(概要理解)
(Understanding the gist of the passage)／(理解概要)／(개요이해)

会話のあとに質問が読まれるので、全体を理解する必要があります。質問に関係ない部分はわからなくても気にせず、大切なところをしっかり聞き取りましょう。

The questions will be read out after the conversation, so you need to have an understanding of the entire passage. Don't worry if you don't understand parts that are unrelated to the questions—focus on listening to and catching the important sections.

因为会话后问题将被读出，需要理解整体。和问题没有关系的部分就算不明白也不用在意，一定要听懂重要部分。

회화 다음에 질문이 나오니까 전체를 이해할 필요가 있습니다. 질문에 관계없는 부분은 몰라도 신경을 쓰지 말고 중요한 부분을 확실히 들읍시다.

●問題4(発話表現)・問題5(即時応答)
(Spoken expressions)・(Responding in real time)／(说话方式)・(速答)／(발화표현)・(즉시 응답)

問題4では「何か必要なことをするときに、どんな言い方がいいか」を問います。問題5では「話しかけられたときにどんな答え方がいいか」を問います。文法やイントネーション、敬語など、さまざまな知識が求められます。

Question 4 will ask things like "which expression should you use when doing something necessary?" Question 5 will ask "how should you respond when someone speaks to you?" These questions require you to have a knowledge of various things including grammar, intonation and honorific language.

在问题4中，会问"当要做某些必要的事情时怎么样说好？""在问题5中会问"当有人跟你说话时应该如何回答？"需要语法、声调、敬语等各种知识。

문제 4 에서는 "무엇이 필요할 때, 어떤 말투가 좋은지"를 묻습니다. 문제 5 에서는 "누가 말을 걸었을 때 어떻게 답하는 것이 좋은지"를 묻습니다. 문법이나 억양, 경어 등, 여러 지식이 요구됩니다.

 PART 2 模擬試験（2回分）
Mock examinations (two exams)／模拟考试(分2次)／모의테스트(2 회분)

本番のつもりで、最後までやってみましょう。もう一度同じようにやってから答え合わせをすると、より効果的です。

Please complete the entire exam just as if it were the real thing. This practice will be more effective if you answer together after doing the exam one more time in the same way.

当作是真正的考试, 坚持做到最后。如果同样再做一次后对答案, 效果更好。

실제 시험이라고 생각하고 마지막까지 해 봅시다. 다시 한번 같은 방법으로 풀고 답을 맞히면 보다 효과적입니다.。

 別冊
Appendix／附册／별책

スクリプトを見ながら、確認と復習をしておきましょう。

Check your answers and revise what you have learnt while looking at the script.

一边看听力资料，一边确认和复习。

스크립트를 보면서 확인과 복습을 해 둡시다.

音声の内容
Contents of the audio／音声内容／음성의 내용

●PART 1 実戦練習
Practice exercises／实战练习／"실전연습"

本試験に合わせた問題が83題収録されています。

Contains 83 questions modeled after the actual exam.

收录了83道和实际考试难度相当的问题。

본 시험에 맞춘 문제가 83문제가 수록되어 있습니다.

●ウォーミングアップ──会話を聞き取るためのポイント
Warming up─tips on how to understand the conversations／准备活动──听懂会话的关键点／워밍업─회화를 알아듣기 위한 포인트

会話での音の変化やイントネーションの違いなどをつかむ練習をします。

Practice exercises that will enable you to grasp the differences in intonation and sound changes heard in the conversations.

练习把握会话中的音变及声调的不同。

회화에서의 음의 변화나 억양의 차이 등을 파악하는 연습을 합니다.

●PART 2 模擬試験
Mock examinations／模拟考试／"모의시험"

本試験と同じ形式、同じ数の模擬試験が2回分収録されています。

Contains 2 mock exams with the same format and number of questions as the real test.

收录了2套和实际考试形式相同、题量相同的模拟考试题。

본 시험과 같은 형식, 문제수의 모의시험이 2회분 수록되어 있습니다.

★音声ダウンロードの方法★
Voice download instructions／如何下载音频／음성 다운로드를 하는 방법

➡音声ダウンロードの案内は、本の最初の黄色いページにあります。

For instructions on how to download voice data, please see this book's first yellow pages.

音声下载请参照书中开头黄色那页。

음성 다운로드 안내는 책의 맨 첫 부분의 노란색페이지에 게재해 놓았습니다.

ウォーミングアップ——会話を聞きとるためのポイント

★p10〜14では、最初の説明とp10〜11の例の文に訳がつきます（→別冊p.3）。
★p10〜13の例の文は、付属の音声があります。

1 話し言葉の音の変化

話し言葉では、発音しやすいように、音の変化がよく起こります。ここでは、音が短くなる（縮約）ものをまとめました。

① 「きゃ」「ちゃ」「じゃ」「りゃ」（拗音）に変化	
〜なければいけない / ならない ➡ 〜なきゃいけない / ならない	例1 寝る前に薬を飲まなきゃならない。
〜（が）なければ、……　※仮定形の縮約 ➡ 〜（が）なけりゃ、……	例2 何か工夫がなけりゃ、面白くないよ。 例3 そんなにいやなら来なけりゃいいのに。
〜ては / では　➡　〜ちゃ / じゃ	例4 そろそろ行かなくちゃ。 例5 それじゃ、また。
〜てしまう / でしまう ➡ 〜ちゃう / じゃう	例6 この部屋、寒くて風邪ひいちゃうよ。 例7 だれも飲まないなら、僕が飲んじゃうよ。
〜てしまって / でしまって ➡ 〜ちゃって / じゃって	例8 ごめん、電車が止まっちゃって……。 例9 「足、どうしたの？」「さっき転んじゃって」
〜てしまおう / でしまおう ➡ 〜ちゃおう / じゃおう	例10 みんな遅いね、先に食べちゃおうか。 例11 おいしそうだから、これも頼んじゃおうよ。
それは　➡　そりゃ	例12 「こんな時間に行っても、もう遅いよ」「そりゃそうだね」 例13 「森さん、怒ってる？」「そりゃ、彼も怒るよ」 ★それは…：相手の発言を受けて、「（それは）そうだ」「（それは）当然だ」という意味。

②「っ（小さい"つ"）」（促音）に変化	
～というか ➡ ～っていうか	例14 「反対なの？」「反対っていうか、どうでもいい／反対っていうか……」 ★AというかB：Aを訂正しようとする表現で、Bにはたいていマイナスのことが来るが、言葉にしないことも多い。
～という＋N ➡ ～って＋N	例15 じゃ、今回は中止ってことですね。 例16 ワンさん、「たこ焼き」って食べ物知ってる？

③「て形表現」が短くなる	
～ている ➡ ～てる	例17 じゃ、私はあそこで雑誌見てる。
～ていない ➡ ～てない	例18 どうしよう。傘、持ってきてない。
～ておく ➡ ～とく	例19 じゃ、お店は僕が予約しとくよ。
～ておいて ➡ ～といて	例20 じゃ、みんなに連絡しといてね。

④ その他の縮約	
～ないといけない ➡ ～ないと	例21 こんな点数じゃ、だめだ。もっとがんばらないと。

2 会話表現の文末イントネーション

会話では、同じ言葉でも、表現したい内容や気持ちによって、イントネーションが変わります。いろいろな例をみながら少しずつ慣れるようにしましょう。

基本的なパターン	①短い上昇調 ↗	②長い上昇調（下降上昇調）↗	③短い平行調 →
	④長い平行調 →	⑤短い下降調 ↘	⑥長い下降調 ↘

1	～ね	相手に賛成を求めるとき・相手と情報を共有しているとき／共有したいとき　*共有する：to share／共有／공유하다
1-1	そう（です）ね ③	相手の言ったことに賛成するとき： 例「ちょっと休みませんか？」「そうですね」
1-2	そう（です）ね ⑥	相手の言ったことにそのまま賛成できないとき： 例「じゃ、木曜にする？」「そうね……でも、水曜のほうがいいかな」
1-3	いい（です）ね ①	相手に確認するとき： 例「明日は9時でいいですね？」「はい」
1-4	いい（です）ね ③	相手の誘いなどに軽く同意するとき： 例「ちょっとお茶でも飲みませんか」「あ、いいですね」
1-5	いい（です）ね ⑥	気持ちをこめて言うとき： 例「今度みんなでハイキングに行きませんか」「あ、いいですね！」
1-6	～（です）ね ① N/Adj ～（ます）ね ①	正しいかどうかを確認するとき：例「失礼ですが、山田さんですね？」 「はい、そうですけど」　例「これ、東京に行きますね？」「ええ」
1-7	～（です）ね ③ N/Adj ～（ます）ね ③	相手と情報を共有しようとするとき： 例「もうすぐ秋ですね」「ええ」　例「ちょっと先に行ってます（ね）」「はい」
1-8	～（です）ね ④⑥ N/Adj ～（ます）ね ④⑥	気持ちをこめて言うとき： 例「今日は暑いですね」　例「もう秋ですね」

2	～よ	相手に新しい事実や自分の情報を示すとき 例「これ、おいしいですよ」　例「そっちは駅と反対ですよ」
2-1	そう（です）よ ①	相手の質問に「YES」と伝えるとき 例「東京はこっちですか」「ええ、そうですよ」
2-2	そう（です）よ ⑤	相手が「そうではない」と言うのに対して「いや、そうなのだ」と言うとき： 例「会議、中止になったって聞いたけど、違うよね？」「えっ、そうですよ」
2-3	そう（です）よ ⑥	気持ちをこめて言うとき： 例「予約しておけばよかったですね」「そうですよ！」
2-4	～（です）よ ① N/Adj ～（ます）よ ①	自分の情報を相手に軽く伝えるとき：例「ねえ、いい天気だよ。散歩に行こうよ」　例「さあ、そろそろ出発しますよ」 相手の言ったことに軽く反対するとき： 例「明日は水曜日？」「いえ、木曜ですよ」

2-5	～(です)よ ⑤ N/Adj ～(ます)よ ⑤ V	相手の言ったことと異なることを言うとき： 例「これが私のグラスですよね？」「えっ、違いますよ。こっちです」
2-6	～(です)よ ⑥ N/Adj ～(ます)よ ⑥ V	気持ちをこめて言うとき： 例「これからデートですか」「違いますよ！」

3	～か	相手に質問するとき／疑問を表すとき・相手の言葉を受けてくり返すとき 例「昨日、駅でスーさんと会ったんですよ」「スーさんとですか。へー。彼女、元気そうでしたか」
3-1	そう(です)か ①	相手の言ったことに対し、疑問を表すとき：例「このペンは山田さんのだと思います」「そうですか？ さっき田中さんが使ってましたけど」
3-2	そう(です)か ②	強い疑いや驚きの気持ちをこめて言うとき： 例「歌が上手ですね」「そうですか!? そんなこと初めて言われました」
3-3	そう(です)か ③	相手の言ったことに納得するとき・あいづちをするとき：「昨日、山田さんと電話で話しました」「そうですか。どんな様子でしたか」

4	～の	「～のです」「～んです」のくだけた言い方 ＊くだけた：broken／融洽、无所拘泥／부서진(편한)
4-1	～の？ ① V	「～んですか」が短くなった形： 例「明日のパーティー、どうするの？」
4-2	～の？ ② V	疑問や驚きを表すとき： 例「えっ、あの人、男だったの!?」
4-3	～の ⑤ V	「～の？」の形で質問されて答えるとき： 例「明日のパーティー、どうするの？」「結局、行くことにしたの」
4-4	～の？ ⑥ V	気持ちをこめて言うとき： 例「えっ、ハワイに行くの!? いいなあ」

5	～じゃない	「～ではないですか」のくだけた言い方
5-1	～じゃない？ ① N/Adj	「～と思うけど、どう？」と、相手の意見や感想を求めるとき： 例「ねえ、このスカート、すてきじゃない？」
5-2	～じゃない？ ⑤ N/Adj ＊「～」が強い	「～だ」と、自分の意見や感想を伝えるとき： 例「あ、そのスカート、かわいいじゃない（＝かわいいですね）」
5-3	～じゃない？ ⑤ N/Adj ＊「ない」が強い	「～ではない」と言いたいとき： 例「このスカート、全然おしゃれじゃない。買わなければよかった」

6	言いよどみ	相手の意見や提案などに対し、やわらかく「NO」と伝えるとき・はっきり言いにくいとき
それはちょっと…⑥ 明日はちょっと…⑥ それが…④ うーん、でも…⑥ など		完全な文にしないで、文の最後の部分をわざとぼかす言い方： ＊ぼかす：to obscure／使模棱两可／내용을 얼버무리다 例「こちらのシャツもご一緒にいかがですか」「あ、それはちょっと……」 例「山田さんの具合はどうでしたか」「それが……」

3 決まり文句

会話では、その場面によって、決まった言い方や、よく使われる言葉・表現があります。ここでは、その主なものを挙げてみます。

場面・状況	言葉・表現
別れるとき・帰るとき ＊誰かの家や事務所などから帰る→	じゃあ(ね) さようなら また明日 また今度 また後で おじゃましました そろそろ失礼します
何かをしてもらうとき／ してもらったとき	ありがとう(ございます／ました) ご苦労さま(です／でした) お手数をおかけします／ました お世話になります／ました お疲れさま(です／でした)［同僚に］
励ますとき　When encouraging／ 鼓励人的時候／ 격려할 때	がんばって(ください) 大丈夫(ですよ)
心配して声をかけるとき・ 気を使って声をかけるとき	大丈夫？ 大丈夫ですか お大事に お気の毒に 残念ですね (お)気をつけて どうぞごゆっくり どうぞお先に (どうぞ)ご心配なく (どうぞ)おかまいなく どうぞご遠慮なく
外からどこかの中に入るとき	例「失礼します」「どうぞ」 例「おじゃまします」「どうぞ(お入りください)」
謝るとき　＊親しい人に→ ＊主に仕事で→ When apologizing／ 道歉的時候／사과할 때	ごめん　すまん (本当に)すみません(でした)　ごめんなさい (誠に)申し訳ありません(でした) 申し訳ございません(でした)
謝られたとき	いいよ いえいえ 大丈夫(です) 気にしないで(ください) 今度／次回から気をつけてください
誰かを祝うとき	おめでとう(ございます) よかった(です)ね
祝ってもらったとき	ありがとう(ございます) おかげさまで
簡単に返事をするとき／ お礼を言うとき／謝るとき／ あいさつをするとき	例「はい、これ、今日の資料」「あ、どうも」 例「すみません、速達です」「あ、どうも」 例「どうもすみません、遅れまして」 例「この人が原さん」「あ、どうも。原です」 例〈電話で〉「あ、どうもどうも、原です。お元気ですか」
【ペアで使う決まり文句】Pairs of set phrases／搭配使用的套話／짝으로 사용되는 상투적 문구	
誰かが家や事務所を出るとき	「行ってきます」「行ってらっしゃい」
誰かが先に帰るとき	「お先に(失礼します)」「お疲れさま(です／でした)」

PART 1

実戦練習
じっせんれんしゅう

Practice exercises
实战练习
실전연습

問題1

問題1では、まず質問を聞いてください。それから話を聞いて、問題用紙の1から4の中から、正しい答えを一つ選んでください。

1番

1　駅に行く
2　家に帰る
3　レストランで食事をする
4　デパートで買い物をする

2番

1　家にもどる
2　売店に行く
3　教室に行く
4　事務所に行く

🎧6 **3番**

1　おみやげを買う
2　アイスクリームを買う
3　ボートに乗る
4　ジェットコースターに乗る

🎧7 **4番**

1　今週の金曜日
2　来週の月曜日
3　来週の火曜日
4　来週の水曜日

5番

1 ふろに入る
2 泳ぐ
3 荷物を送る
4 チェックインする

6番

1 テニスをしてから映画を見る
2 食事をしてから映画を見る
3 映画を2本見てから食事をする
4 食事だけして帰る

🎧10 7番

1　1つ
2　2つ
3　3つ
4　4つ

🎧11 8番

1　7日
2　8日
3　9日
4　10日

9番

1 お酒を買いに行く
2 別の店にお酒を飲みに行く
3 ラーメンを食べに行く
4 家に帰る

10番

1 おばあさんに電話します
2 おじいさんに電話します
3 お父さんに電話します
4 レストランに電話します

🎧14 11番

1 家に帰る
2 会社に戻る
3 本を買いに行く
4 おりがみを買いに行く

🎧15 12番

1 青いくすりを1つ
2 白いくすりを2つ
3 白いくすりを1つと赤いくすりを1つ
4 赤いくすりを2つと黄色いくすりを1つ

🎧16 13番

1 火曜日のクラス
2 木曜日のクラス
3 金曜日のクラス
4 土曜日のクラス

🎧17 14番

1 ちりょう代
2 病院のカード
3 新しいほけんしょう
4 古いほけんしょう

🎧18 **15番**

1 経済学部
2 文学部
3 医学部
4 法学部

🎧19 **16番**

1 今日の午後2時まで
2 今日の午後4時まで
3 今日の夜12時まで
4 明日の朝10時まで

問題2

問題2では、まず質問を聞いてください。そのあと、問題用紙を見てください。読む時間があります。それから話を聞いて、問題用紙の1から4の中から、正しい答えを一つ選んでください。

🎧20 1番

1 いけぶくろ
2 しぶや
3 しんじゅく
4 とうきょう

🎧21 2番

1 別の色にしたいから
2 汚れているから
3 サイズが大きすぎるから
4 サイズが小さすぎるから

🎧22 3番

1 病気になったから
2 お金がよくないから
3 いそがしすぎるから
4 しごとがつまらないから

🎧23 4番

1 コンビニの前
2 びよういんの前
3 スーパーの近く
4 花屋のとなり

🎧24 **5番**

1　家に帰らせてほしい
2　しりょうを用意してほしい
3　かいぎを少し遅らせてほしい
4　ほかの人に紹介してほしい

🎧25 **6番**

1　Mサイズのてり焼きピザとやさいサラダ3つ
2　Mサイズのてり焼きピザと中華サラダ3つ
3　Lサイズのてり焼きピザとやさいサラダ2つ
4　Lサイズのてり焼きピザと中華サラダ2つ

🎧26 7番

1 かぶきをけんきゅうするため
2 のうをけんきゅうするため
3 けいざいをけんきゅうするため
4 アニメをけんきゅうするため

🎧27 8番

1 はをみがく
2 コーヒーを飲む
3 ケーキを食べる
4 うどんを食べる

9番 🎧28

1 ２両目のドアのそばの座席
2 ２両目のドアのそばのあみだな
3 ３両目のドア付近の座席
4 ３両目のドア付近のあみだな

10番 🎧29

1 ほかの人が買おうとしたから
2 きゅうりょうが入ったから
3 店員がかっこよかったから
4 ねだんが安かったから

🎧30 11番

1 パンに危ない物が入っていたから
2 パンに何かわからない物が入っているから
3 店長の説明がわかりにくいから
4 クリームにサツマイモをまぜているから

🎧31 12番

1 電車に乗ってから、バスに乗って行きます
2 電車に乗ってから、歩いて行きます
3 バスに乗ってから、電車に乗って行きます
4 バスに乗ってから、歩いて行きます

🎧32 13番

1 200円
2 300円
3 500円
4 700円

🎧33 14番

1 赤ちゃん
2 お年寄り
3 女性
4 男性

🎧34 **15番**

1 道路のことはどうでもいい
2 道路を作るのはやめたほうがいい
3 道路を作ったほうがいい
4 道路を作るべきかどうか、わからない

🎧35 **16番**

1 社会人らしい服そうをすること
2 聞かれたことにすぐに答えること
3 マニュアルどおりに答えられること
4 その会社について、くわしくしらべておくこと

17番

1 自分の写真を用意する
2 ケータイでれんらくする
3 リーダーにほうこくする
4 見つかるまでよくさがす

🎧 37~52 問題3 （1～16番）

問題3では、問題用紙に何も印刷されていません。まず、話を聞いてください。それから、質問を聞いて、正しい答えを1から4の中から一つ選んでください。

― メ モ ―

問題4

問題4では、絵を見ながら質問を聞いてください。それから、正しい答えを1から3の中から一つ選んでください。

🎧53 1番

🎧54 2番

🎧55 3番

🎧56 4番

5番

6番

🎧59 **7番**

🎧60 **8番**

 9番

10番

🎧63 **11番**

🎧64 **12番**

🎧65 **13番**

🎧66 **14番**

🎧67 **15番**

🎧68 **16番**

🎧69 **17番**

🎧70 **18番**

問題 5 （1〜14番）

問題 5 では、問題用紙に何も印刷されていません。まず、文を聞いてください。それから、その返事を聞いて、1 から 3 の中から、正しい答えを一つ選んでください。

― メ モ ―

PART 2

模擬試験
第1〜2回

Mock examinations
模拟考试
모의고사

第1回 模擬試験　40分

問題1

問題1では、まず質問を聞いてください。それから話を聞いて、問題用紙の1から4の中から、正しい答えを一つ選んでください。

🎧85　1番

1　今週の金曜日
2　来週の月曜日
3　来週の火曜日
4　来週の水曜日

🎧86　2番

1　明日の午前
2　明日の午後
3　あさっての午前
4　あさっての午後

🎧87 **3番**

1 すもう
2 俳句(はいく)
3 きもの
4 ファッション

🎧88 **4番**

1 受付(うけつけ)にもどる
2 名前(なまえ)が呼(よ)ばれるまで待(ま)つ
3 4番(よんばん)の窓口(まどぐち)に行(い)く
4 地下(ちか)1階(いっかい)に行(い)く

🎧89 5番

1 おみやげを渡す
2 発表をする
3 図書館に行く
4 レポートを書く

🎧90 6番

1 水曜日の朝
2 水曜日の夕方
3 木曜日の朝
4 木曜日の夕方

問題2

問題2では、まず質問を聞いてください。そのあと、問題用紙を見てください。読む時間があります。それから話を聞いて、問題用紙の1から4の中から正しい答えを一つ選んでください。

1番

1 図書館
2 212教室
3 パソコンルーム
4 イギリスかアメリカ

2番

1 来週の授業の時
2 来週の授業のつぎの日
3 さ来週の授業の時
4 さ来週の授業のつぎの日

🎧93 **3番**

1　エアロビクス
2　ヨガ
3　ジャズダンス
4　水泳

🎧94 **4番**

1　スカートを2枚
2　シャツを2枚
3　スカートとシャツを1枚ずつ
4　スカートとシャツを2枚ずつ

5番 [95]

1 値段
2 重さ
3 丈夫かどうか
4 デザイン

6番 [96]

1 店の中で大きな声を出すこと
2 自分の表情を気にすること
3 客に同じことを二度言わせること
4 客に何か聞かれたときに、すぐ「わからない」と答えること

問題3（1〜3番）

問題3では、問題用紙に何も印刷されていません。まず、話を聞いてください。それから、質問を聞いて、正しい答えを1から4の中から一つ選んでください。

― メ モ ―

問題4

問題4では、絵を見ながら質問を聞いてください。それから、正しい答えを1から3の中から一つ選んでください。

 1番

 2番

3番

4番

問題 5 （1〜9番）

問題5では、問題用紙に何も印刷されていません。まず、文を聞いてください。それから、その返事を聞いて、1から3の中から、正しい答えを一つ選んでください。

― メ モ ―

第2回 模擬試験　　40分

問題1

問題1では、まず質問を聞いてください。それから話を聞いて、問題用紙の1から4の中から、正しい答えを一つ選んでください。

1番

1　食事をする
2　お茶を飲む
3　映画を見る
4　コンサート会場に行く

2番

1　電車に乗る
2　散歩する
3　メールを送る
4　ご飯を食べる

🎧115 3番

1 残業する
2 同りょうといっしょに帰る
3 かさを買う
4 かさを取りにもどる

🎧116 4番

1 店の前をそうじする
2 ゴミを捨てに行く
3 ざっしをかたづける
4 新しいパンフレットを置く

🎧117 **5番**

1 日本の音楽
2 日本の料理
3 けまり
4 空手か柔道

🎧118 **6番**

1 1階
2 2階
3 3階
4 4階

問題2

問題2では、まず質問を聞いてください。そのあと、問題用紙を見てください。読む時間があります。それから話を聞いて、問題用紙の1から4の中から正しい答えを一つ選んでください。

1番

1　火曜日の初級コース
2　火曜日の上級コース
3　土曜日の初級コース
4　土曜日の上級コース

2番

1　元の場所に戻す
2　コピーをする
3　3階に行って借りる
4　シールをとる

🎧121 3番
ばん

1 味が好きじゃないから
2 においが好きじゃないから
3 見た目が気持ちわるいから
4 食感が好きじゃないから

🎧122 4番
ばん

1 ワンピース
2 スカート
3 セーター
4 マフラー

5番

1 学校
2 デパート
3 京都
4 北海道

6番

1 だれも生きられなくなること
2 子どもの数がへっていること
3 お年寄りがふえていくこと
4 世界の人口がふえつづけていること

問題3 (1〜3番)

問題3では、問題用紙に何も印刷されていません。まず、話を聞いてください。それから、質問を聞いて、正しい答えを1から4の中から一つ選んでください。

― メ モ ―

問題4

問題4では、絵を見ながら質問を聞いてください。それから、正しい答えを1から3の中から一つ選んでください。

🎧128 **1番**

🎧129 **2番**

130 **3番**

131 **4番**

問題5

問題5では、問題用紙に何も印刷されていません。まず、文を聞いてください。それから、その返事を聞いて、1から3の中から、正しい答えを一つ選んでください。

― メ モ ―

N3 聴解 解答用紙

受験番号 Examinee Registration Number

名前 Name

<ちゅうい Notes>

1. くろいえんぴつ (HB、No.2) で かいてください。
   Use a black medium soft (HB or No.2) pencil.
2. かきなおすときは、けしゴムで きれいにけしてください。
   Erase any unintended marks completely.
3. きたなくしたり、おったりしないで ください。
   Do not soil or bend this sheet.
4. マークれい Marking examples

よい Correct	わるい Incorrect
●	⊘ ○ ◉ ◎ ① ⦵

問題 1

	①	②	③	④
1	①	②	③	④
2	①	②	③	④
3	①	②	③	④
4	①	②	③	④
5	①	②	③	④
6	①	②	③	④

問題 2

	①	②	③	④
1	①	②	③	④
2	①	②	③	④
3	①	②	③	④
4	①	②	③	④
5	①	②	③	④
6	①	②	③	④

問題 3

	①	②	③	④
1	①	②	③	④
2	①	②	③	④
3	①	②	③	④

問題 4

	①	②	③
1	①	②	③
2	①	②	③
3	①	②	③
4	①	②	③

問題 5

	①	②	③
1	①	②	③
2	①	②	③
3	①	②	③
4	①	②	③
5	①	②	③
6	①	②	③
7	①	②	③
8	①	②	③
9	①	②	③

N3聴解 実戦練習 解答用紙

問題1

1	①	②	③	④
2	①	②	③	④
3	①	②	③	④
4	①	②	③	④
5	①	②	③	④
6	①	②	③	④
7	①	②	③	④
8	①	②	③	④
9	①	②	③	④
10	①	②	③	④
11	①	②	③	④
12	①	②	③	④
13	①	②	③	④
14	①	②	③	④
15	①	②	③	④
16	①	②	③	④

問題2

1	①	②	③	④
2	①	②	③	④
3	①	②	③	④
4	①	②	③	④
5	①	②	③	④
6	①	②	③	④
7	①	②	③	④
8	①	②	③	④
9	①	②	③	④
10	①	②	③	④
11	①	②	③	④
12	①	②	③	④
13	①	②	③	④
14	①	②	③	④
15	①	②	③	④
16	①	②	③	④
17	①	②	③	④

問題3

1	①	②	③	④
2	①	②	③	④
3	①	②	③	④
4	①	②	③	④
5	①	②	③	④
6	①	②	③	④
7	①	②	③	④
8	①	②	③	④
9	①	②	③	④
10	①	②	③	④
11	①	②	③	④
12	①	②	③	④
13	①	②	③	④
14	①	②	③	④
15	①	②	③	④
16	①	②	③	④

問題4

1	①	②	③
2	①	②	③
3	①	②	③
4	①	②	③
5	①	②	③
6	①	②	③
7	①	②	③
8	①	②	③
9	①	②	③
10	①	②	③
11	①	②	③
12	①	②	③

13	①	②	③	
14	①	②	③	
15	①	②	③	
16	①	②	③	
17	①	②	③	
18	①	②	③	

問題5

1	①	②	③
2	①	②	③
3	①	②	③
4	①	②	③
5	①	②	③
6	①	②	③
7	①	②	③
8	①	②	③
9	①	②	③
10	①	②	③
11	①	②	③
12	①	②	③
13	①	②	③
14	①	②	③

N3聴解 第1回模擬試験 解答用紙

問題1

1	①	②	③	④
2	①	②	③	④
3	①	②	③	④
4	①	②	③	④
5	①	②	③	④
6	①	②	③	④

問題2

1	①	②	③	④
2	①	②	③	④
3	①	②	③	④
4	①	②	③	④
5	①	②	③	④
6	①	②	③	④

問題3

1	①	②	③	④
2	①	②	③	④
3	①	②	③	④

問題4

1	①	②	③
2	①	②	③
3	①	②	③
4	①	②	③

問題5

1	①	②	③
2	①	②	③
3	①	②	③
4	①	②	③
5	①	②	③
6	①	②	③
7	①	②	③
8	①	②	③
9	①	②	③

N3聴解 第2回模擬試験 解答用紙

問題1

1	①	②	③	④
2	①	②	③	④
3	①	②	③	④
4	①	②	③	④
5	①	②	③	④
6	①	②	③	④

問題2

1	①	②	③	④
2	①	②	③	④
3	①	②	③	④
4	①	②	③	④
5	①	②	③	④
6	①	②	③	④

問題3

1	①	②	③	④
2	①	②	③	④
3	①	②	③	④

問題4

1	①	②	③
2	①	②	③
3	①	②	③
4	①	②	③

問題5

1	①	②	③
2	①	②	③
3	①	②	③
4	①	②	③
5	①	②	③
6	①	②	③
7	①	②	③
8	①	②	③
9	①	②	③

●著者

棚橋明美（たなはし　あけみ）
　お茶の水女子大学大学院人間文化研究科博士後期課程単位取得。
　元聖学院大学特任講師。

杉山ますよ（すぎやま　ますよ）
　お茶の水女子大学大学院人間文化研究科博士後期課程単位取得。
　現在、早稲田大学日本語教育研究センター非常勤講師。

野原ゆかり（のはら　ゆかり）
　お茶の水女子大学大学院人間文化創成科学研究科博士後期過程単位取得。
　現在、獨協大学教授。

レイアウト・DTP	ポイントライン
カバーデザイン	滝デザイン事務所／花本浩一
イラスト	山田淳子
翻　訳	Darryl Jingwen Wee／李炜／崔明淑
編集協力	高橋尚子

◎本書は『日本語能力試験問題集　N３聴解スピードマスター』(2010年、Jリサーチ出版、CD付)の音声ダウンロード版です。

　　　本書へのご意見・ご感想は下記URLまでお寄せください。
　　　　　　https://www.jresearch.co.jp/contact/

日本語能力試験問題集　N３聴解スピードマスター　音声DL版

令和7年(2025年)　6月10日　初版第1刷発行

著　者　棚橋明美・杉山ますよ・野原ゆかり
発行人　福田富与
発行所　有限会社　Jリサーチ出版
　　　　〒166-0002　東京都杉並区高円寺北2-29-14-705
　　　　電話　03(6808)8801(代)　FAX 03(5364)5310
　　　　編集部　03(6808)8806
　　　　http://www.jresearch.co.jp
印刷所　(株)シナノ パブリッシング プレス

ISBN 978-4-86392-651-6　　禁無断転載。なお、乱丁、落丁はお取り替えいたします。
© Akemi Tanahashi, Masuyo Sugiyama, Yukari Nohara 2010 Printed in Japan

日本語能力試験問題集　N3聴解スピードマスター　音声DL版

スクリプトと答え

Script and answers
听力内容和答案
스크립트와 해답

Jリサーチ出版

ウォーミングアップ ――会話を聞き取るためのポイント

Warming up: Tips for listening comprehension (conversation) /
准备活动——听懂会话的关键点／워밍업—회화를 알아 듣기 위한 포인트

1. Sound changes for spoken language
Sound changes occur frequently in speech to facilitate easier pronunciation. The following is a summary of some of these contractions.

1 You have to drink your medicine before going to bed.
2 If you don't give it some sort of creative twist, it won't be interesting.
3 He shouldn't have come if it was such a bother.
4 I have to go soon.
5 OK, see you soon!
6 This room is really chilly - you're going to catch a cold.
7 I'll drink it if nobody else is going to.
8 Sorry, the trains weren't running..
9 "What happened to your leg?" "I tripped and fell just now."
10 Everyone's late - shall we eat first?
11 I'm going to order this as well - it looks good.
12 "We won't make it in time even if we go now - look how late it is." "I guess you're right."
13 "A, are you angry?" "So is he."
14 "Are you against it?" "Not really - it's all the same to me."
15 So it's going to be cancelled this time?
16 Wang-san, do you know what takoyaki is?
17 OK, I'll be over there looking at magazines.
18 What should I do? I didn't bring an umbrella.
19 OK, I'll make the restaurant reservation.
20 So please contact everyone, OK?
21 This score will never do. I'll have to try harder.

2. Conversational intonation at the end of sentences
Conversational intonation changes according to the speaker's feelings and what he/she wishes to express, even when using the same words. Let's look at various examples and learn how to get used to these changes.

3. Set phrases, cliches
Depending on the situation, there are fixed ways of saying things, and commonly used words and expressions in Japanese conversation. Let's take a look at some of the main ones.

1 口语中的音变
在口语中，为 了易于发音，经常发生音变。在此总结了发音变短的（缩约形）的例子。

1 睡觉前必须吃药。
2 如果不动些脑筋，那就没意思。
3 如果这么不原意，不来就行了。
4 该走了。
5 那，再见。
6 这房间冷，会感冒的。
7 如果谁都不喝，那我就喝了。
8 对不起，电车停了……。
9 "脚怎么了？" "刚才摔倒了。"
10 大家好晚呀，要不先吃吧？
11 因为看上去好吃，这个咱也要吧。
12 "到了这个时间再去，已经晚了。" "这么说也是。"
13 "A 生气了？" "那是，他也生气呀。"
14 "你反对？" "或者说是反对，怎么样都行 / 或者说是反对……"
15 那么说，这回就中止了吧。
16 小王,你知道叫"章鱼丸子"的食物吗？
17 那，我在那边看杂志。
18 怎么办。没带伞。
19 那，我提前把店预约好。
20 那，我提前跟大家联系。
21 这样的分数可不行。必须更加努力。

2 会话表达中的句尾声调。
在会话中，即使是同样的话语，根据想表达的内容及心情的不同，声调会发生变化。让我们通过各种例子来逐步习惯吧。

3 套话
在会话中，根据场面，有固定的说法、经常使用的词汇及表达方式。在此，举出一些主要例子。

1 회화체 음의 변화
회화체에서는 발음하기 쉽도록 음의 변화가 자주 일어납니다 . 여기에서는 음이 짧아진 것 (축약형) 을 정리했습니다 .

1 자기 전에 약을 먹어야 한다 .
2 무엇인가 궁리가 없으면 재미없다 .
3 그렇게 싫다면 오지 않으면 되는데 .
4 슬슬 가지 않으면 (안된다)
5 그럼 , 또 (보자)
6 이 방 , 추워서 감기에 걸려 .
7 아무도 마시지 않으면 내가 마실 거야 .
8 미안 , 전철이 멈추어서…….
9 " 다리 , 왜 그래 ?" " 아까 넘어져서 "
10 모두 늦는구나 , 먼저 먹을까 ?
11 맛있어 보이니까 , 이것도 주문하자
12 " 이런 시간에 가도 이미 늦어 " " 그건 그렇지 "
13 " A 씨 화났어 ?" " 그럼 , 그도 화가 날 거야 "
14 " 반대이니 ?" " 반대라고 하고 해야 할지 , 아무래도 상관없어 / 반대라고 해야 할지…… "
15 자 이번은 중지이군요 .
16 왕씨 , " 다꼬야끼 " 라는 음식을 알고 있니 ?
17 그럼 , 나는 저기에서 잡지를 읽고 있을게 .
18 어떻게 하지 . 우산 가지고 오지 않았어 .
19 그럼 가게는 내가 예약해 둘게 .
20 그럼 , 모두에게 연락해 둘게 .
21 이런 점수라면 , 안된다 . 좀 더 분발하지 않으면 .

2 회화표현의 문말 억양
회화에서는 같은 말이라도 표현하고 싶은 내용이나 기분에 따라 억양이 변합니다 , 여러 예를 보면서 조금씩 익숙해 주도록 합시다 .

3 상투적 문구
회화에서는 장면에 따라 정해진 말투나 자주 사용되는 말 , 표현이 있습니다 . 여기에서는 그 주된 것을 들어 보겠습니다 .

問題1（課題理解）

1番

男の人と女の人が話しています。女の人はこのあと何をしますか。

- Ⓜ：あ、ここ、最近よく雑誌に出てるレストランじゃない？
- Ⓕ：ああ、そうかも。こんな感じだった。けっこう駅に近いんだね。
- Ⓜ：ねえ、入ってみない？ ちょうどおなかも空いてきたし。今ならそんなに混んでないよ。
- Ⓕ：でも、高そうだよ。さっきいっぱい買っちゃったしなあ。今度にしようよ。
- Ⓜ：えー、せっかくなのに……。じゃあ、ぼくのおごりってことで。
- Ⓕ：そう？ そういうことなら。

女の人はこのあと何をしますか。

【正解】 3

ことばと表現

□**おごり** treat／请客／한턱냄

2番

男の学生が後輩の学生と話しています。男の学生は、これからどこに行きますか。

- Ⓕ：何か探しているんですか。
- Ⓜ：うん……辞書がなくて。
- Ⓕ：家に置いてきたんじゃないですか。
- Ⓜ：いや、午前の授業で使ったから。
- Ⓕ：じゃあ、教室に忘れたんじゃないですか。
- Ⓜ：うん……。でも、昼に売店で買い物をしたときは、バッグにあったと思う。はっきりしないんだけど。
- Ⓕ：探してみましょう。私、事務室に聞いてきましょうか。
- Ⓜ：あ、そうしてくれる？ ぼくは教室を見てくる。

男の学生は、これからどこに行きますか。

【正解】 3

3番

遊園地で男の人と女の人が話しています。男の人はこのあと何をしますか。

- Ⓕ：ねえねえ、つぎ、何に乗る？
- Ⓜ：そうだなあ、ぼくはもう、ジェットコースターとかはいいや。
- Ⓕ：あれ？ もしかして、苦手なの？
- Ⓜ：苦手ってわけじゃないけど……。ボートとかのほうがいいな。
- Ⓕ：ボート？ わかった、わかった。アイスでも食べながら考えましょう。
- Ⓜ：いいねえ。
- Ⓕ：じゃあ、何か買ってきてくれない？
- Ⓜ：えっ、ぼくが？
- Ⓕ：そう。まかせるよ。私はちょっとそこでお土産見てるから。
- Ⓜ：はいはい。

男の人はこのあと何をしますか。

【正解】 2

ことばと表現

□**〜はいい** 「〜は要らない、〜は結構だ」という意味。
例）「コーヒー、飲みませんか」「私はいいです」

□ **もしかして** perhaps, by any chance／或許／혹시
　㈹ひょっとして

□ **〜でも** 誘うときなど、軽い調子で例を挙げる表現。
　例）映画でも見ませんか。

□ **まかせる** to entrust／委托／맡기다

4番

男の人二人が話しています。二人はいつ店に行きますか。

Ⓜ1：何、それ？
Ⓜ2：ああ、これ？　居酒屋の割引券。駅前に新しいビルができたじゃない？　そこに入ったお店。
Ⓜ1：へー、いいね。いつまでなの？
Ⓜ2：期限は……来週の水曜日まで。あ、でも、水曜は「レディース・デー」だから女性のみなあ。
Ⓜ1：じゃ、別の曜日のほうがいいね。明日行ってみる？　金曜だから混んでると思うけど。
Ⓜ2：明日はだめなんだよ。ちょっと用事があって。
Ⓜ1：そうかあ。じゃあ、来週だね。でも、週明けすぐっていうのもね……。
Ⓜ2：そうだね。
Ⓜ1：じゃあ、決まりだ。

二人はいつ店に行きますか。

【正解】3

ことばと表現

□ **期限** deadline, limit／期限／기한

□ **〜っていうのもね……**　〜でいいのかなあと、疑問を表す表現。
　㈹〜っていうのもどうなんだろう／どうなのか

なあ／何だかね

5番

ホテルのフロントで、男の人と女の人が話しています。男の人はこれから何をしますか。

Ⓜ：すみません、チェックインしたいんですが。
Ⓕ：申し訳ございません。チェックインは3時からとなっておりまして……。
Ⓜ：あ、そうだった！　……まだ、だいぶありますね。困ったなあ。
Ⓕ：よろしければ、ホテルのプールをご利用いただけますが……。
Ⓜ：ああ、それ、いいなあ。じゃ、ラウンジで一休みしてから行ってみます。
Ⓕ：かしこまりました。では、お荷物はこちらでお預かりします。
Ⓜ：お願いします。

男の人はこれから何をしますか。

【正解】2

ことばと表現

□ **ラウンジ** lounge／休息室／라운지

6番

夫婦が今日何をするか相談しています。二人は今から何をしますか。

Ⓕ：ねえ、この雨じゃ、テニス行けないね。
Ⓜ：うん。楽しみにしてたんだけどなあ。かわりに映画でも見に行こうか。『最後の戦い』、前から見たかったんだよ。
Ⓕ：映画は賛成だけど、見るんなら『最後の戦い』より『マイ・ラブ』のほうがいい。
Ⓜ：じゃあ、『最後の戦い』を見てから『マイ・

ラブ』。
- F：えー。2本も見たら疲れちゃう。それに、お昼はどうするの？
- M：そうだなあ。じゃ、お昼を一緒に食べてから、別々に見ようか。
- F：そうね。今回はしょうがないね。

二人は今から何をしますか。

【正解】 2

ことばと表現
□ 別々に　separately／分别／따로따로

7番

お母さんは家にいる息子に電話をして、話をしました。お母さんはいくつストロベリーのアイスクリームを買いますか。

- F：あ、たかし？　お母さんだけど。
- M：何？
- F：今、スーパーにいるんだけど、アイスクリーム、食べる？
- M：うん、食べる。
- F：味はチョコレートでいいよね。
- M：今日は違うのがいい。
- F：えっ、いつもチョコレートじゃない。じゃあ、何？
- M：ストロベリーがいい。
- F：ストロベリー？　あ、そう。じゃあ、お姉ちゃんは何がいいと思う？
- M：いつもどおりチョコがいいんじゃない？
- F：そうね。お父さんも同じでいいか。
- M：うん、いいと思う。お母さんは何にするの？
- F：そうねえ……お母さんもストロベリーにしてみようかな。じゃ、買って帰るね。

お母さんはいくつストロベリーのアイスクリームを買いますか。

【正解】 2

ことばと表現
□ 違う　「別の、ほかの、それじゃない」という意味。
例）違う色もありますか。

8番

病院の受付で男の人と女の人が話しています。男の人は、いつ来ますか。

- F：では、こちら、診察券をお返しします。
- M：はい。あのう、つぎは再来週がいいんですが。
- F：再来週ですね。……そうですねえ、8日と9日なら同じ時間で空いてますが。
- M：あ、すみません、つぎは午前でお願いしたかったんです。午前、空いてますか。
- F：そうですか。午前ですと、二日とも予約が入ってますね。7日なら空いてますが……。あと、10日もだいじょうぶです。
- M：そうですか。じゃ、早いほうでお願いします。
- F：わかりました。時間は10時になりますが、よろしいですか。
- M：はい、結構です。

男の人は、いつ来ますか。

【正解】 1

ことばと表現
□ 診察　consultation／诊察／진찰

9番 🎧12

ビヤホールを出たところで、会社の同僚二人が話しています。二人はこのあと、どこへ行きますか。

Ⓜ1：このビヤホール、なかなか良かったよな。

Ⓜ2：うん、あの値段にしちゃ、料理もうまかったし。

Ⓜ1：……まだ時間、早いなあ。あのさあ、この近くに「ひさご」っていうお店があるんだけど、日本酒がすごくうまいんだよ。ちょっと、どう？

Ⓜ2：お前は酒、強いからなあ。こっちはもう、酒は十分だよ。それよりラーメンでも食べて帰りたい。

Ⓜ1：うん、それもいいな。だけど、ラーメンの前に、ちょっとだけ寄ってこうよ。お店、すぐ近くだからさ。

Ⓜ2：しょうがないなあ、もう。ちょっとだけだぞ。

二人はこのあと、どこへ行きますか。

【正解】 2

ことばと表現

□ **ビヤホール** beer hall／啤酒店／맥줏집
□ **寄ってこう** 「寄って行こう」と同じ。

10番 🎧13

母親と子供二人が家で話しています。三人は、このあと誰に電話しますか。

Ⓒ1：もうすぐおじいちゃんの誕生日でしょ？ みんなでお祝いしようよ。

Ⓒ2：賛成！ おじいちゃん、きっと喜ぶと思う。

Ⓕ：そうね。そうしようか。じゃ、今度の土曜か日曜がいいわね。

Ⓒ1：お母さん、予約、予約。おじいちゃん家の近くのレストラン。

Ⓕ：ちょっと待ってよ。おじいちゃんに都合を聞くのが先でしょ？

Ⓒ1：おじいちゃんはいつも暇なんだから大丈夫だよ。あそこ、人気あるから早く予約しないと。

Ⓕ：あ、でも、おばあちゃんはしょっちゅう出かけるから、先に聞いといたほうがいいね。

Ⓒ2：お父さんは？ 一番忙しいよ。

Ⓕ：お父さんはいいよ。お父さんの都合に合わせると決まらないから。

Ⓒ2：ふーん。まあ、しょうがないね。

三人は、このあと誰に電話しますか。

【正解】 1

ことばと表現

□ **〜家** 「〜の家」が短くなったもの。
　例）わたし家、田中さん家
□ **しょっちゅう** 「度々」と同じ。会話でよく使う。

11番 🎧14

男の人と女の人が会社で話しています。男の人はこれからどうしますか。

Ⓜ：じゃ、お先に失礼します。

Ⓕ：お疲れさまでした。

（しばらくしてドアが開き、男の人が戻ってきた）

Ⓕ：あれ、高橋さん、どうしたんですか。

Ⓜ：うん。ちょっと忘れ物。……あ、あった、あった。

Ⓕ：それ……何の本ですか。
Ⓜ：ああ、これは折り紙です。
Ⓕ：折り紙？
Ⓜ：子供の夏休みの宿題で使うんです。
Ⓕ：本屋さんで売ってるんですか。
Ⓜ：ええ。駅前の本屋さんが珍しい折り紙をけっこう置いてるんですよ。
Ⓕ：へー、知りませんでした。
Ⓜ：じゃ、失礼しますね。
Ⓕ：お疲れさまでした。

男の人はこれからどうしますか。

【正解】 1

12番

病院で、おばあさんが薬の説明を受けています。おばあさんは、昼食のあと、何色の薬をいくつ飲まなければなりませんか。

Ⓕ1：お薬が4種類出ていますから、間違えないでくださいね。まず、お食事の30分前に白いのを2つ飲んでください。これは胃のお薬です。お食事が済んだら、赤いのを2つと黄色いのを1つ飲んでください。赤いのは痛みをやわらげるお薬、黄色いのは血圧を少し下げるお薬です。それからこの青いのは、夜眠れないときに1つ飲んでください。そうじゃなければ、飲まなくていいです。わかりましたか。
Ⓕ2：はいはい、ありがとう。じゃ、これから帰ってすぐお昼だから、白いのはここで飲んじゃいます。
Ⓕ1：そうなさいますか。じゃ、今、水をお持ちしますね。

おばあさんは、昼食のあと、何色の薬をいくつ飲まなければなりませんか。

【正解】 4

ことばと表現

☐ 痛み　pain／疼痛／아픔
☐ やわらげる　to relieve／使緩和／완화하다
☐ 血圧　blood pressure／血圧／혈압

13番

英会話学校で、女の人がコースについて相談しています。女の人は何曜日のクラスを取りますか。

Ⓕ：ビジネス英語の夜のクラスを取りたいんですが。
Ⓜ：かしこまりました。そうですね……お客様のレベルですと、木曜8時半からのクラスがいいかと思いますが。
Ⓕ：木曜はだいじょうぶだけど、もう少し早い時間帯のはないですか。
Ⓜ：でしたら、火曜の5時半はいかがでしょう？　これも同じ先生で同じレベルのクラスです。
Ⓕ：5時半はちょっと無理だなあ。この、金曜の6時半のクラスっていうのは、どうですか。
Ⓜ：これは「ビジネス英語」と書いてはいますが、レベル的にはちょっと易しいクラスなんです。あとは、週末なら、いろいろな時間が選べますが。
Ⓕ：そうねえ……。でも、週末はいろいろやりたいこともあるし。うーん、やっぱりがんばって8時半のクラスに来ます。

女の人は何曜日のクラスを取りますか。

【正解】 2

14番

外国人の男の人が歯医者の受付で話しています。男の人は、来週、何を持ってこなければなりませんか。

M：すみません、お願いします。
F：はい、診察券をお出しください。……スミスさんがこの前いらしたのは、半年前ですね。
M：はい、それぐらいです。
F：保険証はお持ちですか。
M：はい。あ、でも、仕事が変わったので、明日これを返して、新しいのをもらう予定です。
F：そうですか。では、今日は自費になりますが、よろしいですか。「自費」って、保険じゃなく、自分でお金を払うということです。
M：自費……。じゃ、高いんですね。
F：自費だと約3倍です。でも、来週新しい保険証を出してくださったら、お返ししますよ。
M：そうですか。わかりました。

男の人は、来週、何を持ってこなければなりませんか。

【正解】 3

ことばと表現

- □ **いらした** 「いらっしゃった」と同じ。
- □ **保険証** insurance card／保险证／보험카드
- □ **自費** 会社や学校、国などでなく、自分で費用を払うこと。
- □ **治療** treatment／治疗／치료

15番

男の高校生が先生に大学進学の相談をしています。高校生は何学部を受けますか。

F：志望は経済学部で変わらない？
M：いえ。実はそれ、親の希望なんです。ぼくは本当は文学部に行きたいんです。
F：よくあるパターンだ。経済は就職がいいからね。
M：ぼくはいい会社に就職したいとか、思わないんです。将来は作家になりたくて。でも親が、文学部に行くなら自分で学費を払えって……。そんなの無理だし。
F：でもね、作家になるのに、学部なんて関係ないよ。
M：そうですか。夏目漱石も川端康成も村上春樹も、みんな文学部ですよ。
F：その人たちはそうだけど、法学部とか工学部とか医学部とか、ほかの学部を出た作家も大勢いるよ。大学を出ていない作家もたくさんいるし。いろんなことを学ぶことは必ずプラスになると思う。
M：……わかりました。ぼくも親を心配させたくないですから。

高校生は何学部を受けますか。

【正解】 1

ことばと表現

- □ **進学** going on to university／升学／진학
- □ **学部** university department／院，系／학부
- □ **文学部** faculty of literature／文学院／문학부
- □ **就職** finding employment／就职／취직
- □ **学費** school fees／学费／학비
- □ **法学部** faculty of law／法学院／법학부
- □ **工学部** faculty of engineering／工学院／공학부
- □ **医学部** faculty of medicine／医学院／의학부

□ **志望** 就職や進学についての希望。 例）第一志望の大学、作家志望

16番

男の人と女の人が話しています。男の人は、このあと何時までに荷物を出しますか。

M：あのう、すみません。
F：はい、いらっしゃいませ。
M：宅配のことでちょっと聞きたいんですが。
F：はい、どのようなことでしょうか。
M：これから荷物を出して、今日中に届きますか。送るのは市内なんですが。
F：いえ、今日は無理です。今日受付のお荷物は翌日以降の配達になりますので。申し訳ないですが。
M：そうですか……困ったなあ。一番早くて、明日の朝、何時ごろに届くんですか。
F：2時までに受付していただければ、明日の朝10時にお届けできます。
M：そうですか。じゃあ、そうします。
F：あの、サービスセンターの方にお持ちいただければ、午後4時まででもだいじょうぶです。
M：そうですか。でも、こちらのほうが近いので……。

男の人は、このあと何時までに荷物を出しますか。

【正解】 1

ことばと表現

□ **宅配** home delivery／送货到门／택배
□ **市内** city center／市内／시내
□ **翌日** つぎの日。
□ **〜以降** since, as of／〜以后／〜이후

問題2 （ポイント理解）

1番 🎧20

女の人が友だちを映画に誘いました。二人はどこで映画を見ますか。

- F1：ねえ、今週の土曜日、映画見に行かない。
- F2：いいけど。何見るの？
- F1：『東京の恋人』。前から見たかったんだ。
- F2：それ、私も見たいと思ってた。
- F1：じゃ、行こう。どこで見る？　渋谷？新宿？
- F2：新宿がいいかなあ。
- F1：あっ、ごめん！　その日の午前中、池袋で用事があったんだ。池袋じゃだめかなあ？
- F2：いいよ、いいよ。

二人はどこで映画を見ますか。

【正解】　1

2番 🎧21

男の人が、昨日買ったズボンについて店員と話しています。男の人は、どうしてズボンを取り替えてほしいんですか。

- F：いらっしゃいませ。
- M：あのう、これ、昨日買ったんですけど、ポケットのところが汚れているんです。
- F：そうでしたか。申し訳ございません。すみません、ちょっと見せていただけますか。あ、ここのところですね。どういたしましょうか。
- M：同じサイズのがあれば、取り替えてほしいんですが。
- F：わかりました。少々お待ちください。……お待たせしました。こちらになります。色は同じでよかったですか。
- M：ええ。じゃあ、これでお願いします。

男の人は、どうしてズボンを取り替えてほしいんですか。

【正解】　2

ことばと表現

□ **いたす**　→「する」の謙譲語。

3番 🎧22

女の学生が男の学生と話しています。女の学生はどうしてアルバイトをやめるんですか。

- M：森さん、アルバイト、やめるんだって、
- F：うん。
- M：どうして？
- F：あの仕事、忙しすぎて。もっと楽なバイトじゃないと。
- M：でも、時給はよかったんでしょ？
- F：そうなんだけど、忙しくて、レポートを書く時間が取れないんだ。
- M：そうか。今年は授業も増えたって、言ってたね。
- F：そう。それで今、大変なの。

女の学生はどうしてアルバイトをやめるんですか。

【正解】　3

ことばと表現

□ **バイト**　「アルバイト」が短くなったもの。
□ **時給**　1時間の仕事に対して払われるお金。

4番

男の人が女の人に、お店の場所を尋ねています。お店はどこにありますか。

Ⓜ：すみません、この近くに「レモン」という喫茶店はありませんか。
Ⓕ：ありますよ。えーっと、あそこにコンビニが見えるでしょ。
Ⓜ：はい。
Ⓕ：あそこの手前の道を右に行くと、さくら屋っていうスーパーがあるんですよ。
Ⓜ：スーパーですね、はい。
Ⓕ：さくら屋の並びに美容院がありますから、その間の道を入ってください。すぐ左にありますから。1階が花屋さんで、その上です。
Ⓜ：そうですか。ありがとうございます。

お店はどこにありますか。

【正解】 3

ことばと表現

□並び　line／排列／같은 줄

5番

男の人が女の人と電話で話しています。男の人はどうしてほしいと言っていますか。

Ⓜ：あ、おはようございます。木村ですけど。
Ⓕ：おはようございます。林です。
Ⓜ：あ、林さん？　実は忘れ物しちゃって……。今、家に取りに帰ってるところなんです。
Ⓕ：そうなんですか。
Ⓜ：資料を置いてきちゃったんですよ。申し訳ないんだけど、10時からのミーティング、30分遅らせてもらえないかなあ。
Ⓕ：わかりました。
Ⓜ：ほかの人にもよろしく言っておいてください。

男の人はどうしてほしいと言っていますか。

【正解】 3

ことばと表現

□ミーティング　会議、打ち合わせ。

6番

男の人が店の人と電話で話しています。男の人は何を注文しましたか。

Ⓕ：はい、ピザハウスです。
Ⓜ：ピザ、届けてほしいんですけど。
Ⓕ：はい、ご注文をどうぞ。
Ⓜ：ええと、Lサイズの照り焼きピザと野菜サラダを3つお願いしたいんですけど。
Ⓕ：はい、Lサイズの照り焼きピザがお1つと、それから野菜サラダが3つでございますね。サラダのドレッシングは何味にいたしましょうか。
Ⓜ：ええと、じゃ、中華味で。
Ⓕ：かしこまりました。
Ⓜ：あっ、すみません。サラダは1つ減らしてください。
Ⓕ：はい、一つ減らすんですね。かしこまりました。

男の人は何を注文しましたか。

【正解】 3

ことばと表現

□ドレッシング　dressing／色拉调味汁／드레싱

7番 26

留学生の男の人と日本人の女の学生が話をしています。男の人は、日本へ何のために来ましたか。

- F：リーさんは、経済学部を卒業したそうですけど、経済の勉強に日本へいらっしゃったんですか。
- M：いえ、私は日本の文化にとても興味があったんです。
- F：歌舞伎とか能とかですか。
- M：そうですね……能はよくわかりませんが、歌舞伎はおもしろいと思いました。でも、それより日本のアニメが好きなんです。それで、映画の研究ができる大学院を探したんです。
- F：そうですか。じゃ、今の専門は経済じゃないんですね。
- M：ええ。経済も関心がありますけどね。日本の経済とか国際経済とか。でも、日本に来る以上、日本の文化をもっと研究したいと思ったんです。

男の人は、何のために日本に来ましたか。

【正解】4

ことばと表現

□ **学部**　university department／院、系／학부
□ **大学院**　graduate school／研究生院／대학원

8番 27

男の人が歯医者と話しています。このあとすぐに男の人がしてもいいことは何ですか。

- F：では、今日は歯に詰め物をしましたので、このあと2時間くらいはお食事はひかえてください。飲み物はかまいませんよ。
- M：はい。じゃ、晩ご飯は普通に食べてもだいじょうぶですね。
- F：ええ、6時以降なら大丈夫です。ただ、あまり硬いものは、詰め物がとれるかもしれないので、今日はひかえたほうがいいですね。
- M：歯みがきは？
- F：同じようにしてください。6時から普通にしてけっこうです。
- M：わかりました。ありがとうございました。
- F：お大事に。

このあと、すぐに男の人がしてもいいことは何ですか。

【正解】2

ことばと表現

□ **詰め物**　packing material／填充物／
생선 등의 뱃속에 다른 음식 소를 집어넣은 요리

□ **ひかえる**　ほしいものややりたいことなどを、がまんしたり遠慮したりすること。
例）お酒をひかえる、甘いものをひかえる

□ **ただ**　「ただし」と同じ意味。前に言ったことに条件や例外を付けるときに使う。
例）飲み物は何でもいいです。ただ、温かいのにしてください。

9番 28

男の人が駅員と話しています。かばんはどこにありましたか。

- M1：すみません、さっきの電車に忘れ物しちゃったんですが。
- M2：あ、今出た東京行きの電車ですか。
- M1：そうです。小さい黒いかばんで、中にデジカメとか手帳とかが入ってるんで

すが。
Ⓜ2：何両目の車両か、覚えてますか。あと、どのあたりに置きました？
Ⓜ1：はい。たしか、前から3両目のドアの近くです。たぶん網棚の上に置いたままにしたんだと思います。
Ⓜ2：今確認しますので、こちらでお待ちください。
〈電話で確認〉
Ⓜ2：……あ、かばん、あったそうですよ。
Ⓜ1：ありましたか！
Ⓜ2：2両目のドア付近の座席の上にあったそうです。ご面倒ですが、元町駅まで取りに行っていただけますか。
Ⓜ1：わかりました。すぐ行きます。ありがとうございました。

かばんはどこにありましたか。

【正解】 1

ことばと表現

□ 車両　train car／车辆／차량
□ 〜両目　車両を数えるときのことば。
□ 網棚　luggage rack／网架／선반
□ 座席　seat／座位／좌석
□ ドア付近　ドアの近く。

10番

女の人が友達と話しています。女の人は、どうして高いネックレスを買ったのですか。

Ⓕ1：あっ、かわいいネックレス！ どうしたの？
Ⓕ2：先週買ったの。
Ⓕ1：へー、いいなあ。……でも、高かったんじゃない？
Ⓕ2：そうなの。結構高くて……。いつもの

私なら買わないんだけど、今回はつい買っちゃったの。でも、給料日前だから、お金がなくなっちゃって。今、ピンチよ。
Ⓕ1：ふーん、よっぽど気に入ったんだ。
Ⓕ2：まあ、それはそうなんだけど……。
Ⓕ1：何？ 店員がイケメンだったとか？
Ⓕ2：ううん。ずーっと迷って、なかなか決められないから、一度戻そうとしたの。そうしたら、そばにいた人が取ろうとしたから、つい「これ、ください！」って言っちゃったの。
Ⓕ1：わかる、それ。

女の人は、どうして高いネックレスを買ったのですか。

【正解】 1

ことばと表現

□ つい〜　accidentally／不由得／무심코
　㊥ 思わず〜、うっかり〜
□ ピンチ　jam, tough situation／危机／위기
□ よっぽど　「よほど」の会話的表現。
　great number／相当／상당히
□ イケメン　「ハンサムな男性」の会話的表現。
□ ずーっと　「ずっと」を強めた表現。

11番

女の人がパン屋の店長と話しています。女の人は何が問題だと言っていますか。

Ⓕ：昨日、ここでクリームパンを買ったんだけど、不良品だったんですよ。
Ⓜ：えっ!? 何が問題だったんでしょうか。
Ⓕ：ほら、こことかこことか、何か黒い変なものがあるでしょ。
Ⓜ：あ、お客様、このクリームパンはサツマ

イモを混ぜているのが特徴でございまして……。この黒いのはイモの皮が取れて一緒に入ってしまったものなんです。
F：えっ、そうなんですか!?　でも、そんなのわからないから、気持ち悪いじゃないですか。危ない物かと思って食べられませんでしたよ。
M：申し訳ございません。今後はどこかに注意書きをするようにいたしますので。
F：それがいいと思いますよ。

女の人は何が問題だと言っていますか。

【正解】 2

ことばと表現

□ **不良品** defective product／次品／불량품
□ **サツマイモ** sweet potato／白薯／고구마
□ **特徴** distinctive feature／特征／특징
□ **皮** skin／皮／껍질

12番

男の人が美術館に電話をかけています。男の人は、美術館までどうやって行きますか。

F：はい、ABC美術館でございます。
M：すみませんが、東京駅からの行き方を教えていただけませんか。
F：はい。東京駅からですと、中央線で「みたか」駅までいらしてください。
M：「みたか」駅までですね。乗り換えはありませんか。
F：ええ、快速で1本です。JR「みたか」駅の南口に「玉川上水」という小さな川がありますので、その川に沿って歩いてください。駅から約15分です。
M：結構歩くんですね。わかるかなあ。
F：道に案内板がありますから、迷うことは

ないと思います。でも、バスもありますよ。バスだと5分くらいで着きます。
M：バスの本数は多いですか。
F：そうですね。10分おきくらいで出ております。
M：そうですか。じゃあ、それがよさそうですね。あと、お休みは何曜日ですか。
F：火曜日が休館日になっております。あ、それから、入館のお時間は毎日4時が最終ですので、ご注意ください。
M：わかりました。ありがとうございます。

男の人は、美術館までどうやって行きますか。

【正解】 1

ことばと表現

□ **本数** （ある場所で、ある時間内に利用できる）電車やバスなどの数
□ **〜おき** 〜の時間を空けながら続けて
□ **最終** 最後

13番

男の人が市役所のゴミの係りに電話をかけています。粗大ゴミを捨てるのに、お金は全部でいくらかかりますか。

F：はい、やまと市粗大ごみ回収の受付です。
M：すみません、3点お願いしたいのですが。
F：えー、つぎの回収が11月8日になりますが、よろしいですか。
M：はい、結構です。
F：ゴミはどのようなものですか。
M：1つは、プラスチックのケースで、50センチ×60センチぐらいで、高さが40センチぐらいです。
F：その大きさですと200円ですね。コンビニで200円のゴミ処理券を1枚買っ

て、貼ってください。ほかのはどうですか。
M：もう一つプラスチックの箱があって、こっちは小さくて、だいたい30センチ四方です。
F：30センチ以内でしたら、「燃やせるゴミ」に出してしまってかまいませんよ。
M：そうですか。あとは木の本箱なんですけど。幅が60センチで、高さが私のおなかぐらいの高さだから、120センチぐらいです。
F：そちらのほうは300円ですので、300円の券を1枚貼ってください。一度貼ると貼り直しはできませんので、ご注意ください。
M：わかりました。
F：それぞれの券にご住所とお名前と回収日を書いて、当日の朝8時半までに指定の場所に出しておいてください。
M：わかりました。ありがとうございます。

粗大ゴミを捨てるのに、お金は全部でいくらかかりますか。

【正解】 3

ことばと表現

□**粗大** 粗くて大きいこと
□**回収** 一度配ったものや使ったものをまた集めること、元に戻すこと
□**〜四方** （東西南北の）四つの方向、周囲

14番

テレビではちみつの宣伝をしています。はちみつを食べてはいけないのは、どんな人ですか。

皆さん、毎日の生活に、もっとはちみつを使いましょう。バターのかわりに、トーストに
はちみつをぬってみませんか。シナモンを一振りすると、おいしいシナモントーストのできあがりです。また、コーヒーや紅茶には、お砂糖がわりに入れてください。肉料理にも使うことができます。健康と美容の元であるはちみつは、男性、女性、若い方からお年寄りまで、どなたにもお勧めです。ただし、1歳以下の赤ちゃんには問題が起こることがありますので、与えないでください。

はちみつを食べてはいけないのは、どんな人ですか。

【正解】 1

ことばと表現

□**シナモン** cinammon／肉桂／계피
□**一振りする** 軽く振って少しだけ入れること。
□**〜がわり** 「〜(の)かわり」の音が変化したもの。
□**美容** beauty／美容／미용
□**与える** to give／给与／주다
　㊡あげる

15番

テレビで男の人が、道路の建設について話しています。この人の意見はどれですか。

道路の建設工事は、途中でストップしているんです。現在、「お金の無駄だから道路を作るのはもうやめたほうがいい」という意見と、「道路を作ることで経済にいい効果が生まれるから道路は必要」という意見と、ちょうど半々になっています。意見を言い合うのはいいのですが、結局、この問題で村の人たちが激しく対立するようになりました。それが一番悲しいことです。正直なところ、ぼくは道路なんかどうでもいいんです。昔のように、みんなが仲良く暮らせたら、それでいい

んです。

この人の意見はどれですか。

【正解】1

ことばと表現

□ **ストップする** to stop, put a halt to／停止／멈추다
□ **無駄** useless, pointless／白費／쓸데없음
□ **効果** effect／効果／효과
□ **半々** 「半分半分」と同じ。「同じくらい」という意味。
□ **結局** in the end／結局／결국
□ **激しい** intense／激烈的／심하다
□ **対立する** to confront／対立／대립하다
□ **正直** honestly／正直／정직

16番

テレビで男の人が、就職の面接について話しています。男の人は何が一番大切だと言っていますか。

Ⓜ：まずは、やはり身だしなみを見ますね。服装や化粧、持ち物が面接という場所にふさわしいかどうか、チェックします。社会人としての基本的な部分ですね。でも、どんなにビシッとスーツを着ていても、聞かれたことにちゃんと答えられなかったり、いかにもマニュアルどおりというような答え方しかできないのでは、印象はよくありません。特に、その会社について何も知らないまま面接に来るなどは、論外です。本当にそこで働きたいと思っているなら、きっといろいろ調べるでしょうし、そこからいろいろな疑問も生まれてくるはずです。その人の中から自然に出てきた言葉かどうか、面接官はすぐにわかるのです。

男の人は何が一番大切だと言っていますか。

【正解】1

ことばと表現

□ **身だしなみ** 人にいやな感じを与えないように、服そうや髪を整えること。
□ **～にふさわしい** 「～に合う」という意味。
□ **ビシッと** 服装や髪などがきちんとしている様子。
□ **いかにも** 「だれがどう見ても/どう考えても、その通りだ」という気持ちを表す。
□ **マニュアル** manual／手册／설명서
□ **～は論外だ** 「～については考える価値もない」という意味。
□ **面接官** 面接を担当する人。

17番

会社で女の人がアルバイトの人たちに説明しています。カードをなくしたとき、まず何をしなければなりませんか。

Ⓕ：では、アルバイトの皆さんにも、このIDカードをお渡しします。カードの表には先日撮った皆さんの顔写真が入っています。自分の顔じゃないという人はいませんか。だいじょうぶですね。このカードは、建物の中にいるときは必ず携帯してください。明日から、出勤したらまずこれを、入口で提示してください。社員食堂も、このカードで利用できます。大切な個人情報が入っていますので、なくさないようにしてください。もし紛失したら、すぐにチームリーダーに報告してください。報告が翌日になったり遅くなったりしないよう、気をつけてください。安全のために必要なことですので、

> 必ずお願いします。また、探して出てきた場合も、必ず報告してください。
>
> カードをなくしたとき、まず何をしなければなりませんか。

【正解】3

ことばと表現

- □**IDカード** ID card／身份卡／ID카드
- □**紛失する** 「なくす」と同じ。
- □**チームリーダー** team leader／小组领导／팀의 리더
- □**翌日** 次の日。
- □**出てくる** 「見つかる」と同じ。

問題3 （概要理解）

1番 🎧37

男の人と女の人が話しています。

M：来ないね。
F：うん……。もう行っちゃったのかなあ、この21分。
M：でも、ここに着いたの、19分だよ。遅れてるんじゃない？
F：だといいけど、たまに早く出ちゃうこともあるよ。どうする？　タクシーにする？
M：うーん、ちょっともったいないかなあ。
F：でも、いつ来るかわかんないよ。すごい渋滞かもしれないし。
M：そうだね。飛行機に乗り遅れたら大変だもんね。タクシーにしようか。
F：あっ、ちょっと待って。来たよ、ほら！
M：ほんとだ。4分遅れか……。まあ、大丈夫か。

二人はどこにいますか。
1　駅
2　バス停
3　空港
4　タクシー乗り場

【正解】2

ことばと表現

□ **だといいけど**　「そうだといいけど」が短くなったもの。

□ **渋滞**　traffic jam／堵车／정체

2番 🎧38

留学生の男の人が、同じ寮に住む留学生の部屋に来て話しています。

M1：カルロスさん、ちょっといい？
M2：ああ、スミスさん。
M1：これ、この間借りたCD。ありがとう。すごくよかったです。
M2：そうですか。それはよかったです。
M1：あと、ちょっとお願いがあるんだけど。自転車を1時間くらい貸してもらえないですか。
M2：あれ？　スミスさんのは？
M1：さっきワンさんに貸しちゃったんですよ。でも、ちょっと買いたい本があって、駅のほうまで行きたいんです。
M2：いいですよ。
M1：ありがとう。助かります。

留学生の男の人は、何のために友だちの部屋に行きましたか。
1　CDを借りるため。
2　本を借りるため。
3　自転車を借りるため。
4　友だちを紹介するため。

【正解】3

ことばと表現

□ **ちょっといい？**　話しかけるときなどに言う表現。くだけた言い方。
参）すみません、ちょっとよろしいでしょうか。（ていねいな言い方）

□ **助かる**　「それが助けになる、それによって助けられる」という意味。

3番 🎧39

女の学生が友だちと話しています。

F1：田中さん、今日、大西さんと同じ授業取ってる？

F2：うん。経済の授業で一緒だけど。

F1：よかった。あのさ、これを大西さんに渡してくれない？

F2：いいけど。何、これ？

F1：コンサートのチケット。知ってるでしょ、メロンってバンド。

F2：もちろん。私も好きだよ。それって、いつ？

F1：来週の土曜の夕方。田中さんも行く？

F2：来週の土曜？　あー、だめだ、予定が入ってた。残念。

女の学生は友だちに何を頼みましたか。

1　チケットを渡すこと。
2　チケットを買ってもらうこと。
3　かわりに授業に出てもらうこと。
4　コンサートに一緒に行くこと。

【正解】1

ことばと表現

□ **だめ(だ)**　否定的なことを言うときに広く使われる。ここでは「その日は予定があって、行けない」という意味。
例）フランス語はダメなんです（＝フランス語はできない）。

4番 🎧40

女の人が、バザーの受付について、ほかの人に相談しています。

F1：あっ、林さーーん！

F2：ああ、高橋さん。来週の土曜日ですよね、バザー。

F1：そうなんだけど。林さんが受付をしてくれる時間って、確か10時から12時まででしたよね。

F2：そうですけど。

F1：あのう、時間を午後に変えてもらうことはできませんか。

F2：午後ですか。

F1：森さんが午後、急に用事が入ってしまったそうなんです。

F2：そうですか。でも、私も午後は2時から用事があって、無理なんです。

F1：そうですよね。急ですものね。

F2：すみません。

F1：いえ、いいんです。気になさらないでください。石井さんができるかもしれないので。

女の人は、このあとどうしますか。

1　林さんに受付を頼む。
2　予定をキャンセルする。
3　石井さんの都合を聞く。
4　森さんにもう一度相談する。

【正解】3

ことばと表現

□ **確か**　「（自分はそのように覚えていて）たぶん間違いない」という気持ちを表す。
例）確か350円だったと思う。

□ **バザー**　bazaar／义卖会／바자

□ **なさる**　「する」の尊敬語。

5番 🎧41

男の学生と女の学生が話しています。

M：あっ、雨降って来ちゃったね。かさ、持

ってる？
- F：うん。鈴木君は？
- M：持ってるよ。……ところでさー、今週末って、忙しい？
- F：特に忙しいってことはないけど。何？
- M：あのね、映画のチケットをもらったから、よかったらどうかなあと思って……。
- F：へー、何の映画？
- M：香港の、ほら、森さんが好きだって言ってた、あの……
- F：ああ、ジャッキー・チェンね。
- M：そうそう。
- F：でも、一番新しいやつはこの前見ちゃった。
- M：えっ、そうなんだ。残念。

男の学生が女の学生に一番言いたかったことは何ですか。

1 かさを貸してあげたいということ。
2 香港映画が好きだということ。
3 一緒に映画を見に行きたいということ。
4 映画のチケットを買ってほしいということ。

【正解】 3

6番

男の学生が、友だちの授業が終わるのを待って、声をかけました。

- M1：石井！
- M2：ああ、田中。どうした？ 何か用？
- M1：ちょっとね。お昼、食べに行かない？
- M2：ああ、行こう、行こう。
- M1：……あのさ、石井は山本先生の授業、ちゃんと出てるよね。
- M2：うん、全部出てるよ。授業、おもしろいし。
- M1：おれさあ、インフルエンザとかでけっこう休んでるんだよ。
- M2：ああ、そうだったね。
- M1：それで、悪いんだけど、ノート貸してくれないかなあ。
- M2：そう来ると思った。でも、テスト、来週の月曜だからなあ。
- M1：借りたらすぐコピーして、すぐ返すから。
- M2：わかった。いいよ。

男の学生は、何のために友だちに会いに来ましたか。

1 ノートを借りるため。
2 ノートを返してもらうため。
3 コピーをしてもらうため。
4 お昼を一緒に食べるため。

【正解】 1

ことばと表現

□ **結構**「かなり」という意味。
例）この子は結構食べますよ。／この本、結構おもしろいよ。

□ **悪いんだけど……**「すみませんが……」の意味。親しい人に何かを頼むときに使う会話表現。

7番

男の学生と女の学生が話しています。

- M：ねえ、田中さんに電話してくれた？
- F：したよ。出席するって。
- M：ありがとう。これでやっと人数が決まった。

Ⓕ：電話ぐらい自分ですればいいのに。あなたの仕事でしょ。
Ⓜ：だって苦手なんだよ、彼女。というか、ほとんど話したことないし。
Ⓕ：なんで？ すごく話しやすい人よ。
Ⓜ：そう？ まじめに授業のノートをとっているイメージしかなくて。
Ⓕ：そうかなあ。よく冗談言うし、それに彼女、スポーツウーマンだよ。テニスとかすごくうまいよ。
Ⓜ：へー、そうなんだ。
Ⓕ：ちょうどいい機会じゃない。今度の飲み会で少しおしゃべりしたら？
Ⓜ：そうだね。

女の学生は、男の学生に何をすすめていますか。

1　田中さんに電話をすること。
2　田中さんとテニスをすること。
3　田中さんと話をすること。
4　田中さんを飲み会に誘うこと。

【正解】 3

ことばと表現

□ 冗談　joke／玩笑／농담

8番

会社で男の人と女の人が話しています。男の人は寝る時、どうしていますか。

Ⓕ：最近、ほんと、暑いですね。
Ⓜ：ええ。昨日の夜も寝苦しくて、あんまり寝れませんでしたよ。
Ⓕ：私もです。……田中さんは寝る時、いつもどうしてるんですか。
Ⓜ：私は扇風機をつけてます。「弱」にして、回してます。
Ⓕ：そうですか。私は何もつけないで、窓を少し開けてます。エアコンをつけたりすると、のどが痛くなるから。
Ⓜ：私もほんとうはそうしたいんですけど。でも、うちの場合、結構、外の音がするから、途中で目が覚めちゃうんです。
Ⓕ：そうですか。じゃ、しょうがないですね。
Ⓜ：……でも、この暑さですからね、そろそろエアコンを使わないとだめかなって思ってますよ。
Ⓕ：夜もずっと気温、高いですからね。私も、風のない日はほんと、つらいです。
Ⓜ：タイマーをうまく使えばね。朝は少しはましだし。
Ⓕ：そうですね。私もそうするかもしれません。もうちょっとがまんしますけど。

男の人は、寝る時、どうしていますか。

1　エアコンだけつけている。
2　扇風機だけつけている。
3　エアコンと扇風機をつけている。
4　何もつけていない。

【正解】 2

ことばと表現

□**寝苦しい**　（暑さなどのために）よく眠れないこと。

□**扇風機**　electric fan／风扇／선풍기

□**つける**　電気製品を「ON」にすること。
　㊦消す

□**気温**　temperature／气温／기온

□**タイマー**　timer／秒表／타이머

□**まし**　to be better／好一些／더 나음
　例）0対0の引き分けか……。まあ、負けるよりましだね。
　彼と一緒にやるぐらいなら、一人でやったほうがましだ。

9番 🎧45

店で女の人が友だちと話しています。

- F1：あっ、あれ、似合うんじゃない？
- F2：そう？　でも、ちょっと派手じゃない？
- F1：そんなことないよ。いい色じゃない？このピンク。
- F2：そうかなあ。もうちょっと柔らかい感じのほうがいいんだけど。
- F1：たまにはこういう色もいいと思うよ。
- F2：そうねえ……。でも、柄もちょっと派手じゃない？
- F1：こういうのが今年の流行だから。うん、結構かわいいよ。
- F2：そう？
- F1：この値段だし。……ああ、本革じゃないからか。
- F2：まあ、革じゃなくてもいいんだけどね。丈夫そうだし。
- F1：うん、これは絶対お得だよ。

女の人は、どうしてこのかばんを買うことにしましたか。
1　色がよかったから。
2　値段が安かったから。
3　いい材料を使っているから。
4　デザインが気に入ったから。

【正解】 2

ことばと表現

- **本革**　real leather／真皮／진짜 가죽
- **柄**　pattern／図案／무늬
- **材料**　material／材料／재료

10番 🎧46

図書館で男の人が女の人と話しています。

- M：あのう、すみません、こちらで5冊本を借りて、今日返しに来たんですが、1冊が見つからなかったんです。とりあえず今日、4冊持ってきたんですが、どうしたらいいでしょうか。
- F：すみません、カードをお借りできますか。……えーっと、何という本ですか。
- M：日本漫画研究です。
- F：この前借りられたのが10月15日なんですが、その本は入ってませんよ。その日は4冊しか借りてらっしゃらないです。
- M：えっ、そうなんですか。でも、借りて読んでたんですけど。
- F：ええ。前回借りてらっしゃいます。10月3日です。でも、そのあと、ちゃんと返してらっしゃいますよ。その前にも一度お借りになってますけど。
- M：じゃ、今、借りてないんですね。
- F：そうですね。システム上も、ずっと在庫1のままですし。おそらく棚にあるはずですよ。
- M：そうですか。わかりました。

女の人は、男の人にどういうことを伝えましたか。
1　借りた本はちゃんと返してほしい。
2　その本を返すのは次に来る時でもいい。
3　今ならその本を借りることができる。
4　その本は今借りていない。

【正解】 4

ことばと表現

- **システム**　system／体系／시스템
- **在庫**　stock／庫存／재고

11番

男の人が女の人と話しています。

Ⓜ：……じゃ、会費はBプランのほうが安いけど、利用料が毎回1,000円要るんですね。

Ⓕ：はい。

Ⓜ：週に何回か、ちゃんと通うんだったら、Aのほうがいいんでしょうね。

Ⓕ：そうですね。ご利用の回数が多いほど、Aプランのほうがお得になります。

Ⓜ：平日は夜、何時までなんですか。

Ⓕ：10時半までです。チェックインが9時半までになります。

Ⓜ：そうですか。あと、すみません、この水泳教室とかヨガ教室は無料なんですか。

Ⓕ：だいたいはそうなんですが、一部は有料です。この星印が付いているのが有料になります。あと、人気があるものは予約が必要になります。

Ⓜ：わかりました。……うーん、やっぱり平日はなかなか来れないだろうなあ。すみません、Bプランでお願いします。

Ⓕ：かしこまりました。では、こちらがお申込書になります。お名前、ご住所からお願いします。……

男の人は何をしようとしていますか。

1 ホテルに泊まろうとしている。
2 図書館で本を借りようとしている。
3 病院で検査を受けようとしている。
4 スポーツクラブに入ろうとしている。

【正解】 4

ことばと表現

□ **会費** membership fee／会费／회비
□ **プラン** plan／计划／계획
□ **～料** ～の料金 例）使用料、授業料
□ **回数** number of times／次数／회수
□ **平日** weekday／平日(非周末)／평일
□ **チェックイン** check-in／办理入住手续／체크인
□ **ヨガ** yoga／瑜伽／요가
□ **有料** paid／收费／유료
□ **印** mark, symbol／印记／마크

12番

男の人は、風邪を引いたので病院に来ました。

Ⓜ：お願いします。

Ⓕ：はい、どうぞおかけになって。今日はどうされましたか。

Ⓜ：あのう、おとといから熱がありまして……そんなに高くはないんですが。

Ⓕ：えーっと、今日は……37度7分。少しありますね。

Ⓜ：はい。

Ⓕ：せきとか鼻水とかの症状はありますか。

Ⓜ：いえ、特に。ああ、でも、のどが少し痛いです。

Ⓕ：ちょっとのどを見せてもらえますか。……そうですね、ちょっと腫れてますね。……じゃ、お薬を3日分出しておきましょう。

Ⓜ：はい。

Ⓕ：何か、合わないお薬はありますか。

Ⓜ：いえ、特に。あ、でも胃腸が弱いので、たまに薬を飲んで痛くなることがあります。

Ⓕ：じゃ、胃を保護する薬も出しておきましょう。……あとはよく休んでくださいね。じゃ、お大事に。

Ⓜ：はい、ありがとうございました。

男の人は、今、どんな様子ですか。

1 高い熱があって、せきや鼻水が出ます。
2 高い熱があって、胃が痛いです。
3 熱が少しあって、のどが痛いです。
4 熱が少しあって、ときどき胃が痛くなります

【正解】 3

ことばと表現

□ せき　cough／咳嗽／기침
□ 鼻水　mucus／鼻涕／콧물
□ 症状　symptoms／症状／증상
□ いえ、特に　「いいえ、特にありません」が短くなったもの。
□ 腫れる　to become swollen／肿胀／붓다
□ 胃腸　appendix／盲肠／위장
□ 保護する　to protect／保护／보호하다

13番

女の人たちが、友だちの結婚祝いのプレゼントについて話しています。

Ｆ1：ねえ、まりこたちの結婚祝い、何にしようか。
Ｆ2：そうね……ワイングラスとか、どう？
Ｆ1：いいかも。……あ、でも、確か、相手の人って、あんまり飲めなかったような気がする。
Ｆ2：そう言えば、この前の食事会の時も全然飲んでなかった。
Ｆ1：じゃ、絵は？　二人でよく美術館に行くって言ってたし。
Ｆ2：絵はいろいろ好みがあるからね。難しいんじゃない？
Ｆ1：そうね。
Ｆ2：まりこ、料理が得意だから、ちょっと大きめのお皿とかは？
Ｆ1：あ、それ、いい。彼のほうも料理できるみたいよ。しかも、腕がいいらしい。
Ｆ2：へー、そうなんだ。うらやましいなあ。
Ｆ1：あ、そうそう、思い出した。日本酒がだめだって言ってた。
Ｆ2：じゃ、ワインは大丈夫なんじゃない？だって、まりこ、大好きだし。
Ｆ1：じゃ、ワインとワイングラス？
Ｆ2：そういうことになるね。でも、一応、飲める人かどうか、聞いてからにしよう？
Ｆ1：そうね。

友だちが結婚する相手は、どんな人ですか。
1 絵が得意な人です。
2 料理が上手な人です。
3 ワインが好きな人です。
4 日本酒が好きな人です。

【正解】 2

ことばと表現

□ 確か　if I'm not mistaken／大概／확실함
□ ～祝い　celebration／祝贺／축하
□ 腕がいい　「高い技術を持っている」という意味。

14番

男の人たちが乗った電車が、急に動かなくなりました。

Ｍ1：あれっ、止まっちゃいましたね。……どうしたんだろう、また事故かなあ。
Ｍ2：困ったねえ。動いてくれないと、会議に遅れちゃうよ。
Ｍ1：ええ。

アナウンス
ただ今、前を行きます電車に急病のお客様

がいらっしゃるため、少々停車します。間もなく発車するとのことですので、この電車、前の電車が動き次第、運転を再開いたします。恐れ入りますが、もうしばらくお待ちください。

M2：もうしばらくって……。
M1：一応、会社に連絡を入れておいたほうがいいですね。
M2：そうだね。じゃあ、ぼくからメールを入れとくよ。
M1：あ、お願いします。

アナウンス
　お急ぎのところ、電車が遅れまして、まことに申し訳ございません。間もなく、運転を再開いたします。

M1：やっとですね。
M2：うん。ギリギリ間に合いそうだな。

電車はどうして止まりましたか。
1　前の電車が遅れているから。
2　前の電車に故障があったから。
3　前の電車に何か事故があったから。
4　前の電車で具合の悪くなった人がいたから。

【正解】4

ことばと表現

□ **急病**　sudden illness／急症／급환
□ **少々**　「少し」の丁寧な言い方。
□ **〜次第**　「〜したらすぐ」という意味。
□ **恐れ入りますが〜**　人にお願いをするときの言葉。「すみませんが〜」よりも丁寧。
□ **お急ぎのところ〜**　「急いでいる時に」という意味。何かお願いをするときに使う。
□ **再開する**　「(止めていた作業や仕事などを)また始める」という意味。
□ **一応**　tentatively, in case／大致／일단

□ **まことに**　「本当に、心から」という意味。
□ **ギリギリ**　barely, just／到了极限／빠듯함
　例）出発ギリギリまで待ったけど、彼女は来なかった。

15番

町にアナウンスが流れています。

　さくら商店街では、明日から2週間、夏の感謝セールを行います。期間中は、すべてのお店で全品2割引、最高でなんと8割引でのご提供となります。しかも、食品をお買い上げの場合は、サービスシールが2倍になります。さくら商店街のサービスシールは有効期限はありませんので、いつでもお使いいただけます。また、5,000円以上お買い上げの方を対象に、北海道旅行などが当たる、お楽しみプレゼント企画もご用意しております。どうぞ皆様、さくら商店街にお立ち寄りください。

何についてのお知らせですか。
1　セールが始まること。
2　食べ物が安いこと。
3　サービスシールが使える期間。
4　参加した人がプレゼントをもらえること。

【正解】1

□ **アナウンス**　announcement／广播／방송
□ **商店街**　shopping street／商店街／상점가
□ **提供**　provision／提供／제공
□ **買い上げ**　purchase／购买／구매
□ **シール**　sticker／封印纸／실
□ **有効期限**　period of validity／有效期限／유효기간
□ **立ち寄る**　to drop by／顺便去／들르다

16番 🎧52

ホテルで、係の男の人が客に説明しています。

……では、お風呂についてご説明させていただきます。お風呂は、客室と大浴場と二つございまして、どちらも温泉を楽しんでいただけます。大浴場は男性用が2階、女性用が3階にございます。大浴場のご利用時間ですが、朝が6時から10時、午後は4時から11時までとなっております。夜が少々早めに閉まりますので、お間違えのないようにお願いします。それからお食事についてですが、ご夕食は7時にお部屋のほうにお持ちします。朝食はバイキングになっておりますので、こちらの食券をお持ちになって、1階「サンシャイン」までお越しください。……

男の人は、特に何について注意しましたか。
1 お風呂の利用時間。
2 お風呂のある場所。
3 お風呂が温泉でないこと。
4 食事が別料金になること。

【正解】 1

ことばと表現

□ **客室** 客用の部屋。特に、客それぞれの部屋。
□ **大浴場** 誰でも利用できる大きな風呂。
□ **ございます** 「あります」の丁寧な言い方。
□ **少々** 「少し」の丁寧な言い方。
□ **お持ちする** 「持っていく」の丁寧な言い方。
□ **バイキング** buffet／自助餐／뷔페
□ **食券** 食事用の券。
□ **お持ちになる** 「持つ」の尊敬語。
□ **お越しください** 「来てください」の尊敬語。

問題 4 （発話表現）

1番 🎧53
このスカートが気に入りましたが、買う前にはきたいです。店員に何と言いますか。

1 あのう、これ、はいたらいいですか。
2 あのう、これ、はいてみてもいいですか。
3 あのう、これ、はいてみればいいでしょうか。

【正解】 2

2番 🎧54
宿題のレポートを忘れました。先生に何と言いますか。

1 すみません、レポート、明日出しましょうか。
2 すみません、レポート、明日出すことにしました。
3 すみません、レポート、明日出してもいいですか。

【正解】 3

3番 🎧55
学校で、友だちに明日のことについて聞いています。何と聞きますか。

1 明日も学校へ行く？
2 明日も学校に来る？
3 明日も学校に通う？

【正解】 2

4番 🎧56
「ふじ美術館」に行きたいです。バスの運転手に何と言いますか。

1 すみません、このバスはふじ美術館で止めますか。
2 すみません、このバスはふじ美術館に止まりますか。
3 すみません、このバスはふじ美術館を止まりますか。

【正解】 2

5番 🎧57
今、体の具合が悪いです。午後から帰りたいと思っています。上司に何と言いますか。

1 すみません、体調が悪いので、午後帰らせたいんですが。
2 すみません、体調が悪いので、午後帰らせてもよろしいですか。
3 すみません、体調が悪いので、午後帰らせていただきたいんですが。

【正解】 3

ことばと表現
□**体調** physical condition／身体状況／몸의 상태

6番 🎧58
友だちに30分くらい辞書を貸してほしいと思っています。何と言いますか。

1 ねえ、ちょっとの間、それ、貸せられな

い？
2　ねえ、ちょっとの間、それ、借りられない？
3　ねえ、ちょっとの間、それ、使わせられない？

【正解】 2

7番 🎧59

課長に書類のチェックをお願いしたいです。何と言いますか。

1　課長、すみませんが、これをごチェックしてください。
2　課長、すみませんが、これ、チェックしていただけますか。
3　すみません、これを課長にチェックさせたいんですが、よろしいですか。

【正解】 2

8番 🎧60

図書館で辞書を借りたいです。何と言いますか。

1　すみません、この辞書は貸し出しできますか。
2　すみません、この辞書を貸し出してもいいですか。
3　すみません、この辞書を貸し出させていただけませんか。

【正解】 1

ことばと表現
□**貸し出し**　lending／借出／대여

9番 🎧61

電車に乗る場所を確かめます。駅員に何と言いますか。

1　すみません、大阪行きは5番ホームでいいでしょうか。
2　すみません、5番のホームは大阪行きでいいでしょうか。
3　すみません、大阪行きはホームの5番でいいでしょうか。

【正解】 1

10番 🎧62

上司に、レポートの締め切りを1日延ばしてほしいと頼みます。何と言いますか。

1　締め切りを1日延ばしてもよろしいでしょうか。
2　締め切りを1日延ばしていただけないでしょうか。
3　締め切りを1日延ばしたいと思うのですが、いかがでしょうか。

【正解】 2

ことばと表現
□**締め切り**　deadline／截止日期／마감
□**延ばす**　to extend／延長／연장하다

11番 🎧63

同僚が、会議が終わる時間を心配しています。何と言いますか。

1　だいじょうぶ。2時では終わるよ。
2　だいじょうぶ。2時まで終わるよ。

3　だいじょうぶ。2時には終わるよ。

【正解】3

ことばと表現
□同僚　colleague／同事／동료

12番 🎧64
病院に来ました。初めてのところです。何と言いますか。

1　すみません、初めてなんですが、どこにうかがいますか。
2　すみません、初めてなんですが、どこに行けばいいですか。
3　すみません、初めてなんですが、どこに行くのがよろしいでしょうか。

【正解】2

13番 🎧65
読めない漢字があったとき、先生に何と言いますか。

1　すみません、この字は何と読むんでしょうか。
2　よろしかったら、この字の読み方を私にお教えになりませんか。
3　すみません、この字が読めないんですが、先生はお読みになれますか。

【正解】1

14番 🎧66
別のサイズがないか、店員に尋ねます。何と言いますか。

1　すみません、これのMサイズはありませんか。
2　すみません、これのMサイズがほしいです。
3　すみません、これのMサイズは持ってませんか。

【正解】1

15番 🎧67
先生に、荷物を持つことを申し出ます。何と言いますか。

1　先生、それ、お持ちしましょう。
2　先生、それ、持ってあげましょうか。
3　先生、それ、どうぞお持ちください。

【正解】1

16番 🎧68
友だちが気分が悪そうです。何と言いますか。

1　なんだか辛そうだね。だいじょうぶ？
2　顔色が白いね。病気じゃないの？
3　体が悪いみたいだね。元気出して。

【正解】1

ことばと表現
□顔色　complexion／脸色／안색

17番 🎧69
コンサート会場で、あなたの前に大きな帽子をかぶっている人が座っています。何と言いますか。

1 すみません、帽子で前がよく見えないんですが……。
2 あのう、よろしかったら、帽子をお脱ぎになりませんか。
3 すみません、どうかここで帽子をかぶるのはやめてください。

【正解】 1

18番

課長にお願いしたいことがあります。どう言いますか。

1 すみません、今日はもう帰らなければなりません。実は急に祖父が入院することになったんです。
2 申し訳ありませんが、急に祖父が入院することになりましたから、今日は帰らせていただきます。
3 あのう、実は今日、急に祖父が入院することになりまして、これから帰りたいと思うのですが……。

【正解】 3

問題 5 （即時応答）

1番 🎧71

Ⓜ：お支払いはカードになさいますか、それとも現金になさいますか。
Ⓕ：1　現金にします。
　　2　現金をお願いします。
　　3　現金になさいます。

【正解】 1

2番 🎧72

Ⓕ：じゃ、すみません、お先に失礼します。
Ⓜ：1　お疲れさまでした。
　　2　どうぞ失礼してください。
　　3　お世話になりました。

【正解】 1

ことばと表現

□ **お世話になりました**　世話をしてくれた人と別れるときなどに、感謝を述べる表現。「お世話さまです」は、主に、仕事をしてくれる「外の人」（自分の会社以外の人など）に使う。

3番 🎧73

Ⓜ：レポートの締め切りっていつだっけ？
Ⓕ：1　来週の木曜はどうだっけ？
　　2　来週の木曜がよかったっけ？
　　3　来週の木曜じゃなかったっけ？

【正解】 3

4番 🎧74

Ⓜ：昨日から熱があって……。体もだるいし。
Ⓕ：1　それは無理だよ。
　　2　無理しちゃだめだよ。
　　3　無理なこと言わないで。

【正解】 2

ことばと表現

□ **だるい**　sluggish／又懒又乏／나른하다

5番 🎧75

Ⓜ：あのう、今ちょっとよろしいでしょうか。
Ⓕ：1　はい、何でしょうか。
　　2　それは、よろしいですね
　　3　こちらこそ、よろしくお願いします。

【正解】 1

6番 🎧76

Ⓕ：あっ、すみません！　足、大丈夫ですか。
Ⓜ：1　いえ、どういたしまして。
　　2　ええ、大したことありません。
　　3　はい、こちらこそ申し訳ありません。

【正解】 2

ことばと表現

□ **大したこと（は）ない**　no big deal／没什么大不了的／대단하지 않다

□ **~こそ**　強調表現で、「~のほうがもっと」という意味を表す。
例）私のほうこそご迷惑をおかけしました。

7番 🎧77

Ⓜ：悪いけど、このファイルも持ってって。
Ⓕ：1　わかった。どこへ？
　　2　いいよ。持ってあげる。
　　3　いいよ。じゃ、一緒に持とうか。

【正解】1

ことばと表現

□**ファイル** file／文件夹／파일

8番 78

- F：今日はどうもありがとうございました。
- M：1 いいえ、けっこうです。
   2 いえいえ、こちらこそ。
   3 どうぞ気になさらないでください。

【正解】2

9番 79

- M：会社、ふじ自動車に決まったの？ よかったね。
- F：1 うん、ありがとう。
   2 うん、よかったね。
   3 ええ、どういたしまして。

【正解】1

10番 80

- F：どうぞお入りください。
- M：1 すみません、おじゃまします。
   2 すみません、いただきます。
   3 ごめんください、失礼します。

【正解】1

11番 81

- M：あれっ、こんなところでどうしたの？
- F：1 ううん、大丈夫。
   2 道に迷っちゃって……。
   3 こうしたほうがいいんです。

【正解】2

12番 82

- F：図書館は何時までだったっけ？
- M：1 7時までだったって。
   2 確か7時までだったと思うけど。
   3 ほんとに7時までだったの？

【正解】2

13番 83

- M：では、そろそろ失礼します。今日はごちそうさまでした。
- F：1 いえいえ、お疲れさまでした。
   2 いえいえ、また遊びに来てください。
   3 いえいえ、つまらないものでしたが。

【正解】2

ことばと表現

□**つまらないもの** 「つまらないものですが、どうぞ」などと、贈り物を渡すときに使う表現。謙そんした言い方。

14番 84

- M：これ、今日までにやっといたほうがいい？
- F：1 そうね。明日にしましょうか。
   2 そうね。早いほうがいいけど。
   3 そうね。そのほうがいいね。

【正解】3

2も表現として可能だが、質問に対してあまり自然な答え方ではない。「～までにやっておいたほうがいい」の中にすでに「遅くならないように、早めに」という気持ちがあり、「そうね」はそれに応じたもの。次のような会話で、付け足して言うのは自然。例：「これ、今日中でもいい？」「そうね。なるべく早いほうがいいけど」

模擬試験 第1回

問題1

1番 🎧85

先生が学生に話しています。学生はいつまでに書類を出さなければなりませんか。

🅕：キムさん、この書類に記入して、事務所に出してください。
🅜：あ、はい。事務所に出すんですね。
🅕：そう、事務所に。
🅜：あっ、先生、来週の水曜日までですよね。
🅕：水曜？ いえ、来週の火曜日までよ。ほらそこに書いてあるでしょ？
🅜：あ、ほんとだ。火曜日までですね。わかりました。

学生はいつまでに書類を出さなければなりませんか。

【正解】 3

ことばと表現
□ 記入する　書類に必要なことを書くこと。

2番 🎧86

会社で、男の人と女の人が、ミーティングについて相談しています。二人はいつ会いますか。

🅜：ミーティングはいつにします？
🅕：明日はどうですか。私は2時半からなら空いてます。
🅜：明日はちょっと……。明後日はどうですか。
🅕：午後出かけるので午前ならいいですが。かまいませんか。
🅜：ええ、だいじょうぶです。
🅕：じゃ、そうしましょう。時間は11時からでもいいですか。1時間もかからないと思いますので。
🅜：いいですよ。じゃ、そうしましょう。

二人はいつ会いますか。

【正解】 3

3番 🎧87

留学生の女の人が、レポートのテーマについて、男の学生と話しています。留学生の女の人は、何をテーマにしますか。

🅜：マリアさん、レポートのテーマ、決めました？
🅕：ああ、田中先生の授業のですか。
🅜：そう。僕はすもうか俳句について書こうと思ってます。
🅕：えっ、そうなんですか。実は、私も俳句について書こうと思ってました。……でも、着物もいいかなあと思ってますけど。
🅜：同じテーマでもかまわないんじゃないですか。僕もどっちにするか、まだ決めてないし。
🅕：そうですね。……あ、でも、やっぱり着物について書こうかなあ。
🅜：えっ、変えなくてもいいですよ。
🅕：違うんです。先週、友だちと着物のお店に行ったら、いろいろな種類の着物があって……。もっと知りたいなあと思ったんです。
🅜：そう言えば、マリアさん、日本のファッ

ションに興味があるって言ってましたね。

F：ええ。……やっぱりそうします。

留学生の女の人は、何をテーマにしますか。

【正解】 3

ことばと表現

□ **テーマ**　theme／主題／주제

4番

病院で、女の人が男の人に検査の受け方について説明しています。男の人は、まず、何をしなければなりませんか。

F：これからレントゲン室に行っていただきますが、その前にこのカルテを4番の窓口に持って行って、受付票をもらってください。受付票は、カルテと一緒にレントゲン室の受付に出してください。しばらくすると、名前が呼ばれますので。

M：終わったら、どうすればいいんですか。

F：また、こちらに戻ってきてください。お呼びしますので。

M：わかりました。……あ、すみません、レントゲン室は何階でしたっけ？

F：地下1階です。あちらのエレベーターをお使いください。

男の人は、まず、何をしなければなりませんか。

【正解】 3

ことばと表現

□ **〜票**　「票」は小さな紙。「〜票」は「〜のための紙」。

□ **カルテ**　medical record／病历／진료 기록 카드

5番

大学の食堂で、女の学生が友だちの男の学生と話しています。男の学生はこのあと何をしますか。

F：鈴木君、これ、北海道のおみやげ。生菓子だから早めに食べてね。

M：ありがとう。

F：いいえ。……あ、それでお願いなんだけど。午後の授業、マキと一緒だったでしょ？　これ、渡してくれる？　同じもの。

M：わかった。

F：ほんとは直接渡したいんだけど、明日、授業で発表なの。準備が大変で……。今日もこれからずっと図書館。

M：あ、ぼくもレポート書かなきゃ。これから忙しくなりそうだな。

F：じゃ、私、そろそろ行くね。

M：うん。じゃ、渡しとくよ。

F：お願いね。彼女によろしく言っといて。

男の学生はこのあと何をしますか。

【正解】 1

ことばと表現

□ **生**　raw／生的／생

6番

女の人が美容院の人と電話で話しています。女の人はいつ美容院に行きますか。

F：あの、カットの予約をしたいんですが。

M：ありがとうございます。いつがよろしいですか。

F：あさっての午後でお願いしたいんですが。

M：あさっての……木曜の午後ですね。担当

者のご希望はございますか。
- Ⓕ：あ、はい。田中さんでお願いします。
- Ⓜ：申し訳ございません、田中はあさっての午後は予約がいっぱいでして……。
- Ⓕ：そうですか……。じゃ、午前の早い時間ならどうですか。
- Ⓜ：申し訳ございません。午前もちょっと……。明日の午後遅めの時間なら、予約をお取りできますが。
- Ⓕ：そうですか。じゃ、6時でお願いします。
- Ⓜ：あ、はい、ありがとうございます。では、6時にお待ちしております。

女の人はいつ美容院に行きますか。

【正解】 2

ことばと表現
- □**カット** 髪を切ること。

問題2

1番

二人の学生が、学校の掲示板を見て話しています。二人はこれから、どこに行きますか。

- Ⓜ：あ、見て、これ。
- Ⓕ：留学説明会？
- Ⓜ：そう。イギリスとアメリカ。
- Ⓕ：留学するつもりなの？
- Ⓜ：うん、どこか行きたいと思ってる。
- Ⓕ：私も。21日……あ、今日だね。場所は？
- Ⓜ：212教室。たぶんパソコンルームのとなりだ。一緒に聞きに行かない？
- Ⓕ：いいよ。図書館はそのあとにする。

二人はこれから、どこに行きますか。

【正解】 2

2番

学生が先生と話しています。レポートはいつまでに出さなければなりませんか。

- Ⓜ：先生、すみません、来週ちょっとお休みしたいんですが。
- Ⓕ：いいですけど、最近、ちょっと欠席が多いですね。
- Ⓜ：すみません、ちょっと事情がありまして……。レポートはきちんと出しますので。
- Ⓕ：来週の授業の時に提出してもらうことになってるんだけど、どうしますか。
- Ⓜ：さ来週の授業まで待っていただけないでしょうか。
- Ⓕ：それはちょっと遅いですね。……じゃあ、来週の授業の翌日を締め切りにします。
- Ⓜ：わかりました。

レポートはいつまでに出さなければなりませんか。

【正解】 2

ことばと表現
- □**きちんと** 正しく、決められたとおりにする様子。
- □**翌日** 次の日。

3番

女の人が近所の人に声をかけられて、話をしています。森さんは何を習っていますか。

- Ⓕ1：あっ、森さん、どちらへ？
- Ⓕ2：あっ、田中さん。ふじスポーツクラブに行くところなんです。今日はこれか

らヨガ教室があって。
- Ｆ１：そうですか。ヨガ、体にいいですよね。私はあそこでエアロビクスをやってますけど。
- Ｆ２：私も初めはエアロビをやるつもりだったんです。でも、曜日が合わなくて。今はヨガと、あと、ときどき泳いでます。
- Ｆ１：私は踊るのばっかりです。ジャズダンスとか。……私も今度やってみようかなあ。
- Ｆ２：いい先生ですよ、とっても。……あ、すみません。もう行かなきゃ。
- Ｆ１：あ、ごめんなさい、お引き止めしちゃって。
- Ｆ２：いえいえ。じゃあ、失礼します。

森さんは何を習っていますか。

【正解】2

ことばと表現

□**曜日が合わない** 自分が希望する曜日と、ほかの予定が合わないこと。

□**おひきとめしちゃって** 「ひきとめる」は、どこかへ行こうとする人を呼び止め、話をすること。例）おひきとめして、すみませんでした。

4番

デパートで女の人が店員と話しています。女の人は何を買いますか。

- Ｆ：あのう、すみません、このスカート、安くなってないんですけど。
- Ｍ：申し訳ありません、こちらの商品はセール対象外となっておりますので。
- Ｆ：えっ、対象外があるんですか。
- Ｍ：はい。セール品には値札にこのようなシールが付いておりまして、付いていないものは対象外になります。
- Ｆ：そうなんですか。
- Ｍ：はい。青いシールは20％オフ、黄色は30％オフ、赤いシールが50％オフとなっております。
- Ｆ：なるほど。じゃ、このシャツは赤いシールだから50％オフってことですね。
- Ｍ：はい、そうです。
- Ｆ：じゃ、せっかくだから、色違いでもう一つ買おうかな。

女の人は何を買いますか。

【正解】2

ことばと表現

□**対象外** 「対象にならない」という意味。

□**シール** sticker／封印紙／실

□**オフ** 値段を引くこと。割り引き。

5番

店で男の人と女の人が話しています。女の人は、パソコンを選ぶとき、何を一番気にしますか。

- Ｍ：ねえ、これは？　すごく軽いよ。デザインもまあまあだし。
- Ｆ：わ、ほんと、軽い。……でも、なんだかすぐこわれそう。
- Ｍ：そんなことないよ。ま、床に落としたりすると、わからないけど。……あ、これはどう？　最新のだけど、かなり安くなってるよ。
- Ｆ：ほんとだ！　……でも、いかにも仕事用って感じ。いくら安くても、デザインがよくないのはちょっとなあ……。
- Ｍ：ぜいたく言ってると、何も買えないよ。
- Ｆ：うん。ま、予算が決まってるから、その

範囲で買うけどね。

女の人は、パソコンを選ぶとき、何を一番気にしますか。

【正解】4

ことばと表現
- □ 最新　「今、一番新しい」という意味。
- □ 予算　budget／预算／예산
- □ 範囲　scope／范围／범위

6番 🎧96

店長が、新人のアルバイト社員に説明しています。してはいけないことは何ですか。

M：では、今日からよろしくお願いします。まず、仕事中に気をつけていただきたいのは、お客さんへの応対です。気持ちよく買い物をしていただくために、応対の際の表情や言葉使いには十分注意してください。特に、挨拶は笑顔で大きな声で。それから、お客さんに何か聞かれて答えられない場合は、「わかりません」で終わるのではなく、すぐに私や先輩社員に聞いてください。また、お客さんの言葉がよく聞き取れなかったり、聞き逃してしまった場合は、必ず確認してください。お客さんがこの店にまた来たいと思うかどうかは、皆さん一人一人の接客態度にかかっています。そのことを忘れないでください。

してはいけないことは何ですか。

【正解】4

ことばと表現
- □ 応対　dealing with／应对／응대
- □ 聞き逃す　to fail to hear／听漏／빠뜨리고 못 듣다
- □ ～にかかっている　to depend on／取决于～／~에 달렸다
- □ 接客　customer service／接待客人／접객

問題3

1番 🎧97

留学生の男の人が、日本人の友だちと話しています。

M1：あっ、カルロス、今、帰り？
M2：ううん、これからバイト。
M1：そうなんだ。……あ、そうだ。来月の第二土曜日って、ひま？
M2：第二土曜日って何日だっけ？
M1：18日。
M2：18日は……特に何も入ってないけど。
M1：その日にぼくの家の近くでお祭りがあるんだけど、来ない？
M2：お祭り？
M1：うん。たくさんの人がチームで踊ったり、いろんなお店がいっぱい出たりして……。結構楽しいよ。
M2：へー、おもしろそう。行ってみたい。
M1：うん、おいでよ。じゃあ、近くなったら、また連絡するよ。
M2：うん。

留学生の男の人は、来月の18日に何をしますか。

1　お祭りに行く
2　友だちと踊る
3　アルバイトをする
4　友だちに連絡をする

【正解】 1

2番 🎧98

女の人が、友だちと喫茶店に行って話しています。

- Ⓕ1：へー、なかなかいい感じのお店ね。
- Ⓕ2：そうでしょ。この前初めて来てすごく気に入ったから、これはぜひ教えなきゃと思って。
- Ⓕ1：ありがとう。でも、別におごってくれなくてもいいよ。
- Ⓕ2：いやいや、そういうわけには……。
- Ⓕ1：何か頼みごとね。何？
- Ⓕ2：さくら、中国語が得意じゃない？
- Ⓕ1：得意っていうほどでもないけど。
- Ⓕ2：ちょっと翻訳してもらいたいものがあって……。
- Ⓕ1：えっ、何を？
- Ⓕ2：実は来月、上海で研修があるんだけど、中国語で自己紹介したいなあと思って。
- Ⓕ1：へー、いいなあ、上海。で、中国語で自己紹介ね。うん、いいと思う。
- Ⓕ2：でしょ？　で、これなんだけど。
- Ⓕ1：おー、結構長いね。
- Ⓕ2：ちょっとね。今週中でいいんで、お願いします！
- Ⓕ1：……ケーキ2つかなあ。

女の人は、どうしてこの喫茶店に友達を連れて来ましたか？

1　お店を紹介したかったから
2　中国語を習いたかったから
3　ケーキが食べたかったから
4　お願いしたいことがあったから

【正解】 4

ことばと表現

□ で、……　「それで、……」の会話的表現。
□ おー　驚きを表す言葉。

3番 🎧99

男の人が、女の人を誘っています。

- Ⓜ：ねえ、週末空いてる？
- Ⓕ：週末？　土曜の午後なら時間あるけど。何？
- Ⓜ：これ、友だちからもらったんだけど……野球のチケット。一緒にどう？
- Ⓕ：野球？
- Ⓜ：そう。野球とかは全然見ないんだっけ？
- Ⓕ：そうね、プロ野球はあんまり……。高校野球とかは好きだけど。
- Ⓜ：へー、じゃ、嫌いってわけじゃないんだ。
- Ⓕ：そうね。
- Ⓜ：なんでプロ野球はだめなの？
- Ⓕ：だめってことはないんだけど……。シーズン中はほとんど毎日やってるでしょ。なんだか飽きちゃうっていうか……。優勝するチームもだいたい決まってるし。今ひとつドキドキ、ワクワクしないって感じ。
- Ⓜ：ふーん、ぼくはスタジアムに入った瞬間、ワクワクするけどね。
- Ⓕ：それは私も同じなんだけどね。……田中君に聞いてみたら？　彼、野球好きだったと思う。
- Ⓜ：わかった。じゃ、ちょっと声かけてみるよ。

女の人は、どうして一緒に野球を見に行かないのですか。

1　野球が嫌いだからです。
2　野球を見るのに飽きたからです。

39

3 プロ野球にあまり興味がないからです。
4 ルールがよくわからないからです。

【正解】 3

ことばと表現

- □ シーズン　プロスポーツが行われる時期。
- □ ドキドキ　to be nervous／忐忑不安／두근두근
- □ ワクワク　to be excited／兴奋得心怦怦跳／두근두근
- □ スタジアム　stadium／体育场／스타디움
- □ ～っていうか　はっきり言うことを避ける会話的表現。
- □ (人に)声をかける　「話しかける」という意味。

問題 4

1番

友達の荷物が重そうです。友達に何と言いますか。
1 それ、持ってあげる
2 それ、持ってもらう？
3 それ、持ってくれる？

【正解】 1

2番

友達との待ち合わせに遅れました。友達に何と言いますか。
1 待って、悪いね。
2 待たせて、ごめんね。
3 待ってくれて、ごめんなさい。

【正解】 2

3番

階段の下に、赤ちゃんを抱いて、ベビーカーを持ったお母さんがいます。あなたは手伝いたいです。何と言いますか。
1 お手伝いしませんか。
2 お手伝いしましょうか。
3 お手伝いさせましょうか。

【正解】 2

4番

あなたは先生に本を借りています。あと1週間借りたいです。先生に何と言いますか。
1 あと1週間貸してもよろしいですか。
2 あと1週間お貸ししてもよろしいですか。
3 あと1週間お借りしてもよろしいですか。

【正解】 3

問題 5

1番

Ⓕ：ねえ、見て、このブーツ。安いんじゃない？
Ⓜ：1 ほんと、安いね。
　　2 ほんと、高いね。
　　3 ほんと、高いんじゃない？

【正解】 1

2番

Ⓕ：あのう、すいません、今日はちょっと早く帰りたいんですが。熱があるみたいで。

Ⓜ : 1　それはいけないね。元気でね。
　　 2　それはいけないね。だいじょうぶ？
　　 3　それはいけないね。がんばって。

【正解】 2

3番　106

Ⓜ : ねえ、京都で泊まるところ、桜ホテルでいい？
Ⓕ : 1　ええー、桜ホテルでいい。
　　 2　ううん、桜ホテルがいい。
　　 3　うーん、桜ホテルはちょっとね。

【正解】 3

4番　107

Ⓕ : お昼どうする？　今日は食堂閉まってるけど。
Ⓜ : 1　それでもいいよ。
　　 2　じゃ、お弁当かなあ。
　　 3　しょうがないよ。そうしよう。

【正解】 2

5番　108

Ⓕ : 教室の窓、閉めてきましたか。
Ⓜ : 1　そうですね。開けておきます
　　 2　いいえ、まだ閉まってますよ
　　 3　あ、すみません、開けたままです。

【正解】 3

6番　109

Ⓕ : ここ、前にも来たことがあるんじゃない？
Ⓜ : 1　そうだね、初めてだよ。
　　 2　そう？　初めてじゃないよ。
　　 3　そうかなあ。初めてじゃない？

【正解】 3

7番　110

Ⓕ : 急がなきゃ。あと5分で始まるよ。
Ⓜ : 1　走れば間に合うよ。
　　 2　走らなきゃ間に合うよ。
　　 3　走ったら間に合わないよ。

【正解】 1

8番　111

Ⓜ : あのう、すみませんが、郵便局はどちらでしょうか。
Ⓕ : 1　いいえ、よくわからないんです。
　　 2　はい、郵便局なら、この近くにありますよ。
　　 3　すみません、このへんはくわしくないんです。

【正解】 3

9番　112

Ⓕ : 妹さんはどんな人ですか。
Ⓜ : 1　明るくて、スポーツが大好きです。
　　 2　今年、大学生になりました。
　　 3　ほら、あの人です。

【正解】 1

模擬試験　第2回

問題1

1番 🎧113

女の友だち二人が渋谷で待ち合わせをしました。二人はこれからどうしますか。

F1：ごめん、ごめん。待った？
F2：だいじょうぶ。私もさっき着いたばかりだから。
F1：そう、よかった。コンサートが始まるまで、まだだいぶあるね。
F2：うん、7時からだからね。ねえ、私、おなか空いちゃったんだけど、何か食べない？
F1：いいよ、そうしようか。どこにする？
F2：そうね……。じゃあ、あそこは？　映画館のとなりにあるイタリアンのお店。
F1：ああ、あそこのパスタ、おいしかったよね。うん、あそこにしよう。

二人はこれからどうしますか。

【正解】　1

ことばと表現

□ **ごめん**　「すみません」のくだけた表現。親しい間で使われる。

□ **イタリアン**　「イタリアンレストラン、イタリア料理」のこと。

2番 🎧114

男の人と女の人が電話で話しています。男の人は女の人と会って、まず何をしますか。

F：はい。
M：あ、ぼくだけど、電車が止まっちゃって、当分動きそうにないんだ。
F：えっ、そうなの？　映画始まっちゃうよ。
M：ごめん。そのあとって何時からだっけ？
F：次は……6時40分から。
M：それじゃ、だめ？
F：いいけど、それまで何するの？　散歩なんて言わないでよ、2時間もあるんだから。
M：ご飯食べちゃおうよ。
F：そうね、わかった。じゃあ、電車が動き出したら、ケータイにメールしてくれる？
M：わかった。

男の人は女の人と会って、まず何をしますか。

【正解】　4

3番 🎧115

会社で、女の人が男の人と話しています。女の人はこれからどうしますか。

M：あっ、川口さん。今日は早いんですね。
F：ええ。ここのところ、毎日残業だったから。今日はがんばって、時間どおりに仕事を終わらせたんです。
M：それがいいですよ。……あっ、雨、降ってきちゃいましたね。
F：ほんとだ。どうしよう、かさ、持ってこなかった。
M：じゃあ、駅まで一緒にどうですか。
F：そうですか。じゃあ、すみません、そこ

のコンビニまでいいですか。

Ⓜ：いいですよ。

Ⓕ：……あっ、そうだ！ ロッカーに置きがさがあったんだ。……すみません、たぶんだいじょうぶだと思います。あの、どうぞお先に。

Ⓜ：そうですか。じゃあ、すみません、お先に失礼します。

Ⓕ：お疲れさまです。

女の人はこれからどうしますか。

【正解】 4

ことばと表現

□ **そうだ** 何かを思い出したときに、ひとり言として言う言葉。

□ **置きがさ** 雨が降ったときに困らないように、会社などに置いてあるかさ。

4番 🎧116

店長とアルバイト店員が話しています。アルバイト店員は、このあと何をしますか。

Ⓜ1：あ、山本君、ちょっといい？ その雑誌の片づけは森さんに代わってもらって。

Ⓜ2：あ、はい。じゃあ、森さん、あとお願いします。

Ⓜ1：店の前なんだけど、風であちこちにゴミが落ちてるんだよ。ほら、特にその辺、ね。

Ⓜ2：そうですね。

Ⓜ1：この辺、きれいにしといてくれる？

Ⓜ2：わかりました。

Ⓜ1：あ、それから、レジ横のパンフレットも整理しといてね。

Ⓜ2：はい。……あ、パンフレットは、さっき届いた新しいのに差し替えたほうがいいですよね。

Ⓜ1：そうだね。でも、まあ、それはそうじのあとでいいよ。

Ⓜ2：わかりました。

アルバイト店員は、このあと何をしますか。

【正解】 1

ことばと表現

□ **ちょっといい？** 「話しかけていいですか、話をする時間がありますか」という意味のくだけた言い方。

□ **パンフレット** pamphlet／小册子／팸플릿

□ **差し替える** 別のものにかえること。

5番 🎧117

外国人の男の人と、日本人の女の人が話しています。男の人は何を習うことにしましたか。

Ⓜ：今、せっかく日本にいるんだから、何か日本のスポーツを習ってみたいと思っているんです。何がいいでしょうか。

Ⓕ：そうですねえ……。リンさんはお国では、何かやっていましたか。

Ⓜ：サッカーをやっていました。あ、「けまり」はどうですか。日本の伝統的なスポーツですよね。

Ⓕ：まあ、それはそうですけど……。でも「けまり」は昔のもので、今はやる人がほとんどいないですからねえ。伝統的なスポーツといったら、やっぱり、空手とか柔道とかでしょうね。

Ⓜ：わかりました。会社の近くにできるところはありますか。

Ⓕ：そう言えば、木村さんが柔道の道場に通っているそうですよ。聞いてみたらどう

ですか。

Ⓜ:そうですか。じゃあ、聞いてみます。ありがとうございました。

男の人は何を習うことにしましたか。

【正解】 4

▶ ことばと表現

□**けまり** 日本の伝統的なボール遊びで、足でボールをける。一般の人はやらない。
□**道場** 柔道や空手などを練習する場所。

6番　🎧118

本屋で男の人と女の人が話しています。男の人はこのあと何階に行きますか。

Ⓜ:すみません。
Ⓕ:はい、いらっしゃいませ。
Ⓜ:あのう、3歳くらいの子供向けの絵本を探しているんですが。
Ⓕ:小さいお子様向けの絵本は2階にございます。あと、1階の新刊コーナーでも、最近話題になった絵本をいくつか置いてあります。あちらになります。
Ⓜ:あの、このタイトルの本なんですが……。
Ⓕ:ああ、こちらでしたら、2階の中央になります。
Ⓜ:そうですか。ありがとうございます。
Ⓕ:あ、それから4階では、海外の人気絵本作家を紹介する特別展示会も行っておりますので、ぜひご覧ください。
Ⓜ:そうですか。じゃ、あとでちょっと見てみます。

男の人はこのあと何階に行きますか。

【正解】 2

▶ ことばと表現

□**〜向け** 〜を対象とした
例）女性向けの雑誌
□**新刊** 本が新しく出ること
□**コーナー** corner／专柜／코너

問題2

1番　🎧119

男の人はスポーツセンターに電話しています。男の人は何曜日のコースに申し込みましたか。

Ⓕ:はい、西浜スポーツセンターです。
Ⓜ:あのう、水泳教室に申し込みたいんですが。
Ⓕ:どちらのコースをご希望でしょうか。
Ⓜ:コース？　えーっと、全然泳げないんですが。
Ⓕ:そうですか。でしたら、初級コースですね。火曜日と土曜日の午前にありますが。
Ⓜ:火曜と土曜ですか。……じゃあ、土曜日でお願いします。
Ⓕ:かしこまりました。では、お名前とご住所からお願いします。……

男の人は何曜日のコースに申し込みましたか。

【正解】 3

2番　🎧120

男の人が図書館の係の人と話しています。男の人は、このあとどうしますか。

Ⓜ:この3冊、お願いします。
Ⓕ:はい……。あっ、これは貸し出しができ

ないんですよ。
- Ⓜ：えっ、どうしてですか。
- Ⓕ：ここに「禁帯出」っていうシールが貼ってある本は、貸し出しができないんです。
- Ⓜ：そうなんですか。困ったなあ。
- Ⓕ：ここでご覧になるのは、もちろんけっこうですが。
- Ⓜ：コピーはしてもいいんですよね。
- Ⓕ：はい。コピー機は3階にございます。
- Ⓜ：3階ですね。わかりました。じゃ、とりあえず、この2冊、お願いします。
- Ⓕ：はい。7月15日までです。

男の人は、このあとどうしますか。

【正解】 2

3番

男の人と女の人が、ある料理について話しています。女の人はどうしてその料理を食べないのですか。

- Ⓜ：あれ？ それ食べないの？
- Ⓕ：うん、ちょっと苦手。
- Ⓜ：どうして？ おいしいじゃない？
- Ⓕ：うん……。味はそれほどきらいじゃないんだけど、どうも、このにおいが……。
- Ⓜ：そう？ ぼくは全然気にならない。
- Ⓕ：まあ、好きな人はそうなんでしょうね。
- Ⓜ：このもちもちした食感もけっこう好きだし。
- Ⓕ：じゃあ、これ、全部あげるね。

女の人はどうしてその料理を食べないのですか。

【正解】 2

ことばと表現

- □ **食感** texture／吃了的感觉／먹는 느낌
- □ **もちもちした** springy, chewy／粘粘的／쫀득쫀득한

4番

夫婦がデパートにいます。女の人は、何を買いますか。

- Ⓕ：あっ、このワンピース、かわいい！ 値段も安い！
- Ⓜ：今日はスカートを買いに来たんじゃないの？ 仕事にはいて行けるやつがほしいんでしょ。
- Ⓕ：そうよ。でも、ほかのもちょっとぐらい見たっていいじゃない。
- Ⓜ：ちょっとって、ここに来てからもう30分もたってるよ。
- Ⓕ：ちょっと待ってよ、もうすぐ終わるから。ヒロもセーターとか買ったら？ そう言えば、マフラーがほしいって言ってたじゃない。見てきたら？
- Ⓜ：今日はいいよ。それよりあのスカートは？ かわいいと思うけど。
- Ⓕ：うーん、かわいすぎるというか、ちょっと好みじゃないなあ。……やっぱり、さっきのワンピースがいいな。
- Ⓜ：えっ、スカートは？
- Ⓕ：いいよ、スカートは、また今度で。

女の人は、何を買いますか。

【正解】 1

ことばと表現

- □ **好み** preference／喜好／취향

5番 🎧123

友だち二人で、夏の予定について話しています。二人はどこへ行くことにしましたか。

- F1：さくらは夏休み、どこか行く？
- F2：別に予定ないけど。デパートのアルバイトが忙しくなりそうだし。
- F1：そう。
- F2：何で？
- F1：うん。京都に行きたいと思って。
- F2：京都？　夏は暑いでしょ？
- F1：そうみたいね。でも行きたくて。
- F2：京都より北海道に行こうよ。涼しいし、自然はきれいだし。
- F1：北海道か……。悪くないかもね。でも、さくらはアルバイトで忙しいんじゃないの？
- F2：そうなんだけど、8月の最後の週はアルバイト入れてないから。そのころでよければ。
- F1：……じゃ、北海道にしようかなあ。
- F2：そうしようよ。京都はまた秋とか冬に行けばいいじゃない。そのほうがきれいだし。
- F1：わかった。8月の最後の週ね。

二人はどこへ行くことにしましたか。

【正解】4

ことばと表現

- □**アルバイトを入れる**　アルバイトを予定に入れること。

6番 🎧124

大学で、女の学生が発表をしています。女の学生が心配しているのはどんなことですか。

日本では、少子化、つまり子供の数が減っていることが大変問題になっています。同時に、高齢化、つまりお年寄りが増えていくことも問題になっています。人口の構成はピラミッド型が理想ですが、日本ではこれが崩れているわけです。しかしその一方で、世界に目を向けると、少子化どころか、人口はどんどん増え続けています。もし、世界中の人々が物質的に豊かな生活をめざすと、60年後には地球の資源はなくなり、人間は誰も生きられなくなってしまうと、この本には書いてあります。私が心配しているのは、このことなんです。

女の学生が心配しているのはどんなことですか。

【正解】1

ことばと表現

- □**少子化**　declining birth rate／少子化／
- □**高齢化**　aging／老龄化／고령화
- □**構成**　composition／构成／구성
- □**理想**　ideal／理想／이상
- □**崩れる**　to fall apart／崩溃／부서지다
- □**物質的**　material／物质的／물질적
- □**資源**　resources／资源／자원

問題3

1番 🎧125

スーパーのカウンターで、女の人が店員と話しています。

M：いらっしゃいませ。

F：あのう、お米とお水を届けてほしいんですが。

M：かしこまりました。えーっと、お米は…‥

F：コシヒカリを10キロお願いします。それから、お水は2リットルのを8本お願いします。

M：かしこまりました。コシヒカリ10キロとお水が2リットルのを8本ですね。えー、明日の10時ごろの配達になります。

F：えっ！ 今日届けてくれるんじゃないんですか!?

M：申し訳ありません。今日の配達は3時で締め切らせていただきましたので。

F：だめなんですかー。15分過ぎただけですよ。

M：申し訳ありません。

F：じゃあ、いいです。お水だけにしてください。お米だけ5キロのを買って帰りますから。

M：そうですか。申し訳ありません。では明日の朝、お水を8本、お届けします。

F：お願いします。

女の人はどうしますか。

1　お米だけ買って帰る
2　お水だけ買って帰る
3　お水だけ届ける
4　お米とお水を届けてもらう

【正解】1

ことばと表現

□配達　delivery／配送／배달
□締め切る　その時間やその日までで、注文や受付などを終わりにすること。

2番 🎧126

女の人が同僚に相談しています。

F1：……で、早速だけど、相談って？

F2：うん、実は、転職しようと思って。

F1：えっ、どうして？ 今、次の仕事見つけるの、大変でしょ？

F2：そうね。

F1：何かやりたいことがあるの？

F2：あんまり大きな声じゃ言えないんだけど、青木さんっていたじゃない、去年やめた。

F1：ああ、優秀な人だったよね。

F2：今、青木さん、自分で会社やってるんだけど、そこに来ないかって誘われてるの。

F1：ほんとに!? でも、今の会社のほうが大きいし、安定してるじゃない。

F2：うん。安定っていう意味ではそうだと思う。でも、本当に好きな仕事がやれてるかっていうと、そうでもないし。

F1：青木さんの会社だと、好きなことができるの？

F2：何度か話をして、考えは伝えてる。ただ、給料はちょっと下がるけどね。

F1：うーん、難しい選択ね。……でも、もう決めたんでしょう？

F2：そうね。でも、誰かに背中を押してもらいたくて。

F1：わかった。応援するよ、がんばって。

女の人は、何について相談していますか。

1　新しい会社に行くこと
2　給料が少ないこと
3　仕事がおもしろくないこと
4　生活が安定していないこと

【正解】1

ことばと表現
□早速　quick, immediate／马上／바로
□転職する　career switch／換工作／전직하다
□選択　choice／選择／선택
□背中を押す　こうしたいと思っているが決められないときに、誰かに「そうしたらいいよ」と言ってもらうこと。

ですか。

1　恋人が京都にいるから
2　親から離れたかったから
3　学校で決められていたから
4　京都の文化に興味があったから

【正解】2

ことばと表現
□エスカレーター式　中学→高校、高校→大学など、入学試験を受けなくても、関係する学校に進めること。
□募集　recruitment／募集／모집

3番

女の学生がスピーチをしています。

私の家は東京にありますから、どうしてわざわざ京都の大学に来たのかと、よく聞かれます。私の通っていた高校は、エスカレーター式に大学に上がれますし、それに、東京には他にもたくさん大学がありますから。だから、よく「彼氏が京都にいるんでしょ」なんて言われますが、そんなことありません。今、彼氏募集中ですので、よろしく！
　京都は古い文化を持つ、落ち着いていていい町ですが、実は、それもこちらに来てから気づいたことです。本当は、ただ親から離れて、ひとりで暮らしてみたかっただけなんです。それがたまたま京都だったというだけで……。だから、そのうち、外国に行っちゃうかもしれません。ちょっと、変わってる人間ですので、よろしくお願いします。

この学生は、どうして京都の大学を選んだの

問題4

1番

教授に、一緒に研究会に行かないかと誘われました。でも、その日は用事があって行けません。何と言ってことわりますか。

1　すみません。その日は無理なんです。
2　すみません。その日はちょっと忙しいんです。
3　すみません。その日は用事がありまして……。

【正解】3

2番

会議で使う資料を作りました。上司にチェックしてもらいたいです。何と言いますか。

1　資料を見てもいいですか
2　資料を見ていただいてもよろしいですか

3 資料を見せていただいてもよろしいですか

【正解】 2

3番

店は今、満員で、席がありません。お客さんに少し待ってもらいたいです。
何と言いますか。

1 少々お待ちいただけますか。
2 少々お待ちしてもいいですか。
3 少々お待たせしたいんですが。

【正解】 1

4番

コンサート会場に行くと、自分の座席に知らない人が座っていました。何と言いますか。

1 あのう、すみません、お間違えではないでしょうか。
2 あのう、すみませんが、ちょっとどいていただけませんか。
3 あのう、そこは私が座るべきいすですから、空けてください。

【正解】 1

問題5

1番

Ⓜ：ねえ、今日の会議、3時からだった？
Ⓕ：1 そう、明日
　　2 ううん、3時半から
　　3 ううん、会議室

【正解】 2

2番

Ⓕ：すみません。お先に失礼します。
Ⓜ：1 おつかれさま
　　2 お大事に
　　3 おかまいなく

【正解】 1

3番

Ⓜ：あっ、田中さん、先日はありがとうございました。
Ⓕ：1 どうも、おかげさまで
　　2 いいえ、のちほど
　　3 いいえ、こちらこそ

【正解】 3

4番

Ⓜ：昨日、うちの近くで火事があったんですよ。
Ⓕ：1 そうですか。それは大変でしたね
　　2 そうですか。あれは大変でしたよ
　　3 そうですか。あれは大変そうでした

【正解】 1

5番 🎧136

Ⓜ：あの、すみません、これ、落ちましたよ。
Ⓕ：1 あ、すみません
　　2 あ、こちらこそ
　　3 あ、どういたしまして

【正解】 1

6番 🎧137

Ⓕ：プレゼン、うまくいった？
Ⓜ：1 まあまあかな
　　2 うん、うまかった
　　3 ううん、ちゃんといけなかった

【正解】 1

7番 🎧138

Ⓜ：田中さんにはまだこの話、していませんでしたね。
Ⓕ：1 ええ、聞いています
　　2 ええ、もう聞きました
　　3 ええ、まだ聞いていません

【正解】 3

8番 🎧139

Ⓜ：また不合格だったよ……。
Ⓕ：1 そうか……がんばったのにね
　　2 そうなんだ。よくがんばったからね
　　3 そうだね。もっとがんばったかもしれないね

【正解】 1

9番 🎧140

Ⓕ：これ、本物のダイヤじゃないんじゃない？
Ⓜ：1 いや、たぶんガラスだよ
　　2 そうだね、私にはわからない
　　3 本物だよ。だって、こんなに高いよ

【正解】 3

ことばと表現

☐ **本物**　the real thing／真东西／진짜 물건

正解

● 実戦練習

問題1
#	答
1	3
2	3
3	2
4	3
5	2
6	2
7	2
8	1
9	2
10	1
11	1
12	4
13	2
14	3
15	1
16	1

問題2
#	答
1	1
2	2
3	3
4	3
5	3
6	3
7	4
8	2
9	1
10	1
11	2
12	1
13	3
14	1
15	1
16	1
17	3

問題3
#	答
1	2
2	3
3	1
4	3
5	3
6	1
7	3
8	2
9	2
10	4
11	4
12	3
13	2
14	4
15	1
16	1

問題4
#	答
1	2
2	3
3	2
4	2
5	3
6	2
7	2
8	1
9	1
10	2
11	3
12	2
13	1
14	1
15	1
16	1
17	1
18	3

問題5
#	答
1	1
2	1
3	3
4	2
5	1
6	2
7	1
8	2
9	1
10	1
11	2
12	2
13	2
14	3

● 第1回模擬試験

問題1
#	答
1	3
2	3
3	3
4	3
5	1
6	2

問題2
#	答
1	2
2	2
3	2
4	2
5	4
6	4

問題3
#	答
1	1
2	4
3	3

問題4
#	答
1	1
2	2
3	2
4	3

問題5
#	答
1	1
2	2
3	3
4	2
5	3
6	3
7	1
8	3
9	1

● 第2回模擬試験

問題1
#	答
1	1
2	4
3	4
4	1
5	4
6	2

問題2
#	答
1	3
2	2
3	2
4	1
5	4
6	1

問題3
#	答
1	1
2	1
3	2

問題4
#	答
1	3
2	2
3	1
4	1

問題5
#	答
1	2
2	1
3	3
4	1
5	1
6	1
7	3
8	1
9	3